BUZZ

Publisher ANDERSON CAVALCANTE
Editora SIMONE PAULINO
Editora assistente LUISA TIEPPO
Projeto gráfico ESTÚDIO GRIFO
Assistentes de design NATHALIA NAVARRO, FELIPE REGIS
Revisão JORGE RIBEIRO

Dados Internacionais de Catalogação na Publicação (CIP)
de acordo com ISBN

Abreu, Paula
Buda dançando numa boate / Paula Abreu
São Paulo: Buzz, 2019.
192 pp.

ISBN 978-65-86077-52-0

1. Autoajuda. 2. Espiritualidade 3. Religião I. Título.

CDD-158.1 CDU-159.947

Elaborado por Vagner Rodolfo da Silva CRB-8/9410

Índice para catálogo sistemático:
1. Autoajuda 158.1
2. Autoajuda 159.947

Buzz Editora Ltda.
Av. Paulista, 726 – mezanino
CEP: 01310-100 São Paulo, SP
[55 11] 4171 2317
[55 11] 4171 2318
contato@buzzeditora.com.br
www.buzzeditora.com.br

PAULA ABREU

BUDA

DANÇANDO NUMA BOATE

Para minha família

INTRODUÇÃO

É O FIM DO MUNDO, MEU FILHO!

O que tem de errado se o Buda
estiver dançando numa boate?
OSHO

Na televisão, notícia de tiroteio em algum lugar do interior dos Estados Unidos. O sujeito entra numa escola, sai dando tiro para todo lado sem motivo aparente e, ao final, se mata.

Do canto da sala a sua mãe diz: "no meu tempo não existia isso". Já a avó murmura, balançando a cabeça: "o mundo está acabando mesmo..."

Quem nunca ouviu essa frase da avó, do tio, da mãe?

E cá entre nós, se você já passou dos 25, talvez até mesmo tenha observado um belo dia, com um pequeno choque, a mesma frase pulando para fora da sua própria boca sem você sentir...e talvez tenha sido neste dia que você se deu conta de que estava ficando ~~velho~~ adulto.

Apesar dos crimes malucos, tsunamis, terremotos, terrorismo, Trump presidente, corrupção, vamos começar esse livro com uma boa notícia: não, não é o fim do mundo.

Mas é, sim, o recomeço do mundo.

O mundo que nós conhecemos está mudando e, cá entre nós, já não era sem tempo.

Estamos saindo de uma época esquisita – a tal "Era de Peixes" – em que a gente precisava de intermediários para tudo.

Para chegar a Deus (aquele senhor barbudo sentado num trono em cima de uma nuvem), por exemplo, precisávamos passar pelo padre, o cardeal, o bispo, o Papa, um monte de anjos e santos, como se Deus fosse um tipo de popstar cheio de groupies e seguranças o tempo todo o protegendo...da gente!

Para chegar no Conhecimento, ou aprender qualquer coisa, a gente precisava ir à escola, faculdade, fazer pós-graduação, mestrado e doutorado.

Assim como acontece com os peixes, tudo era feito em "cardume". Nosso sistema educacional era focado na homogeneização das crianças: todas usando o mesmo uniforme, estudando as mesmas coisas – independente das suas aptidões, talentos e sonhos – cantando o hino nacional enquanto a bandeira era hasteada toda segunda-feira de manhã.

Até para rezar tínhamos que usar palavras decoradas, e falar com Deus como se estivéssemos falando com o nosso tataravô em um outro século, cheios de temor, pompa e um linguajar rebuscado e rococó...

Não é que já estejamos totalmente na tal Era de Aquário, onde vale a interdependência, onde cada um acessa o que quiser – seja Deus, o Conhecimento ou o que for –, como quiser, a sua própria maneira.

Estamos exatamente no momento da transição.

Meu filho ainda vai a uma escola tradicional (mas já pode escolher a cor da camiseta do uniforme, dependendo do humor do dia, e também pode usar a bermuda que quiser). Ele é obrigado a estudar matemática sem gostar muito, mas também toca ukulele desde os seis anos.

Pode ser que um dia, em apuros, ele reze dizendo "*pô*, Papai do Céu, quebra essa pra mim!".

Já não somos mais obrigados a comprar música, casas de veraneio, e nem mesmo carros: podemos apenas usufruir de todas estas coisas, sem a necessidade de posse.

Aliás, falando em carros, eles provavelmente não vão existir como propriedade privada daqui a cerca de 20 anos: afinal, quem vai ser doido de gastar dinheiro para ter um carro, podendo pedir um Uber que chegará em 30 segundos e custará 30 centavos por 1,6 quilômetros rodados, num carro com piloto automático e sem motorista?

As moedas criptografadas prometem o fim do dinheiro – e com ele, do sistema bancário – talvez ainda no nosso tempo de vida.

Os cientistas garantem que quem tem menos de 50 anos de idade hoje vai viver até os 100-120, e seus filhos vão viver algo entre 200 e 250 anos, imprimindo novos corações em impressoras 3D e fazendo transplantes comandados por braços mecânicos e inteligência artificial.

Eu conheço um americano que fundou uma empresa de mineração de asteroides (!), e está construindo espaçonaves em que, segundo ele, você e eu poderemos ir a Marte a passeio nos próximos 5 anos, por menos de 5 mil dólares a passagem.

É o fim do mundo como o conhecemos... e o seu recomeço.

E você está sendo convidado a participar desta reconstrução.

NÃO ESPERE PELO PESCOTAPA

A alma precisa de significado
como o corpo precisa de oxigênio.
EU MESMA

Este convite para você contribuir com a criação deste novo mundo não é um envelope que chega na sua casa com o educado pedido de RSVP.

Ao contrário, nas primeiras vezes em que você recebe este "chamado", ele é tão sutil que é capaz de você nem perceber.

Por exemplo, lá está você *de boa* na sua vidinha e de repente cai nas suas mãos – emprestado pelo amigo do amigo – um livro superinspirador. Ao ler, você pensa: "nossa, que vontade de... (por exemplo, "terminar esse relacionamento abusivo que estou vivendo", ou "pedir demissão desse trabalho que não me realiza e fazer algo que ajude outras pessoas", ou "começar a me exercitar e comer direitinho na segunda-feira")"!

Mas a segunda-feira chega e... a vida acontece: seu filho acorda com dor de barriga, o chefe resolve passar aquele novo projeto enorme para você, chove a cântaros, a moça da academia fala que você precisa trazer um atestado médico antes de poder começar a malhar, perto do seu trabalho só tem lanchonetes e você, que está todo enrolado no trabalho, acaba almoçando um *cheeseburger*. Com fritas, claro.

E a mudança, aqueeeeela mudança, sabe?, aquela que você estava superinspirado a fazer ontem...bom, ela continua no plano das ideias-para-um-dia-quando-eu-tiver-tempo-e-dinheiro-e-apoio-e-alguém-para-me-ajudar-*casquiança*-tudo.

Mas o convite sempre se repete...

Passam-se alguns meses e um dia a sua amiga chama você para um curso de fim de semana. Lá vai você sem saber muito bem onde está se enfiando. Na primeira manhã, você acha tudo muito esquisito: pessoas que falam gratidão em vez de obrigado, não comem carne, dão abraços longos e apertados, pessoas que se abrem sobre suas vidas, se emocionam e começam a chorar do nada.

Você fica meio puto com a sua amiga, que só coloca você em furada.

Mas, antes do final do curso, sem você se dar conta, você mesmo já está aceitando um lencinho para limpar as lágrimas que correm nas suas bochechas, porque você acabou de ter uma grande sacada sobre toda a sua infância, abraçado com o seu novo melhor amigo que você acabou de conhecer e com quem você compartilhou um segredo que nunca tinha contado para ninguém.

Você sai de lá abraçando todo mundo e trocando número de celular "para não perder o contato", dizendo gratidão para o instrutor – e para a sua amiga, que santa ela! – e prometendo a si mesmo que 'agora vai', que dessa vez você entendeu tudo o que precisa fazer para mudar a sua vida.

Na segunda-feira, você até começa a se alimentar direitinho, ou faz aquela caminhada na esteira, ou chama o namorado abusivo para uma conversa séria, ou começa a procurar um novo emprego.

Mas aí vem a terça, e a quarta, ah, a quarta...na quarta a sua empregada faz aquele pudim de leite todo furadinho que você ama e você dá de cara com ele quando abre a geladeira cheio de fome no meio da madrugada.

Na quarta chove tanto logo de manhã que você olha pela janela esperando ver Noé passando com sua arca, e lá se vai a academia.

Na quarta o namorado abusivo chega na sua casa todo bonzinho com um presente surpresa (por acaso é uma coisa que não tem nada a ver com você, tipo ingressos para a final do Brasileirão, mas o que vale é a intenção, não é mesmo?), e a conversa fica para outro dia (como pôde sequer passar pela sua cabeça terminar com esse doce de pessoa?!).

Enfim, mais uma vez... a vida acontece. E os seus planos para um você mais desperto, mais conectado com você mesmo, naturalmente ficam para depois porque, primeiro, as ~prioridades~.

Mais algum tempo se passa e um belo dia você acorda doente, paralisado com a coluna travada, ou com tanta dor na garganta que não consegue nem bem engolir sua própria saliva, assim, do nada, ontem você estava ótimo, que loucura!

Seu corpo obriga você a ficar de cama, a desacelerar, a se dar um tempo para refletir. De tarde, você liga a televisão já bem entediado de estar de bobeira em casa – enquanto sabe que sua pilha de trabalho na caixa de entrada está só crescendo – e, quando se dá conta, lá está você se debulhando em lágrimas vendo algum filme altamente inspirador, tipo *À procura da felicidade*.

Você vê o Will Smith comendo o pão que o diabo amassou para realizar seu sonho e promete para você mesmo que, assim que cada músculo, nervo e milímetro do seu corpo parar de doer, você vaaaaai mudar a sua vida.

E, claro, a essa altura eu não preciso mais ilustrar que, depois que você fica curado e está pronto para viver essa grande mudança que você planejou durante a sua convalescença... a vida acontece.

Até que chega o momento em que o universo, depois de vários convites leves e moderados, precisa chegar ao extremo de dar um pescotapa em você. Para ver se você finalmente acorda, sabe?

E essa rasteira do universo pode vir de diversas maneiras: um câncer (seu ou de alguém que você ama), uma traição, um divórcio, a demissão, uma tragédia na sua família, a morte repentina de alguém querido, uma crise de pânico ou uma depressão.

A maioria das pessoas vive como se a espiritualidade fosse opcional. Para estas, os convites não vão parar de chegar.

O autor Martin Boroson diz que "num único instante, a vida pode revelar outra realidade que era inconcebível no momento anterior". É preciso apenas um instante para que mudanças dramáticas aconteçam.

Quanto mais você viver uma vida sem significado, mais o universo vai ser obrigado a intensificar o convite para que você perceba, nem que por um instante apenas, que talvez-quem-sabe a vida possa ser mais do que esse monte de tarefas que você risca na sua lista de pendências todo dia e o macarrão de domingo na casa da sua sogra (e aquele arrepio na espinha que dá quando toca a musiquinha do *Fantástico*).

Às vezes, você precisa que o seu apego a este mundo seja abalado por uma perda, para você se abrir para a existência de outra realidade. De outro mundo.

O MOVIMENTO

Seja a mudança que você
quer ver no mundo.
GANDHI

No meu livro *Escolha sua vida*, eu falo de uma "revolução silenciosa" que estaria acontecendo no mundo: a revolução das pessoas que não aceitam mais um trabalho sem Propósito.

Mas, desde a publicação do livro, em 2013, descobri que a revolução era bem maior do que eu imaginava.

Não se trata apenas da busca por significado no trabalho. Mas sim da busca por significado na vida.

Interajo com milhares de pessoas que perceberam, de alguma forma, que a vida não pode ser só isso. Pessoas que um dia acordam e, depois de apertar sete vezes o botão soneca, sentem que estão vivendo a vida de uma outra pessoa.

Pessoas que estão sendo chamadas por esta insatisfação, esta ferida na alma, para algo maior do que simplesmente uma mudança de trabalho ou carreira: elas estão sendo chamadas a fazer parte de um movimento.

Muitas me procuram falando que querem mudar o mundo, mas não sabem como.

Ao ver toda a confusão que a humanidade conseguiu criar, as guerras, a violência, a destruição da Natureza, o Trump presidente (desculpa, não consigo deixar de mencionar de novo essa aberração), e ao sentir aquela mesma sensação dos mais velhos de que "parece o fim do mundo", acredito que você também queira que o mundo mude.

A notícia que tenho para você é: o mundo não tem braços nem pernas a não ser os seus.

Talvez você esteja esperando que outra pessoa seja a autora dessa mudança, que apareçam mais Malalas, Madres Teresas, ou de repente um novo Gandhi. Tem gente até esperando a segunda vinda de Jesus (muito embora eu duvide muito que ele apareça por aqui mais uma vez depois da última recepção).

Acontece que o mundo só muda uma pessoa de cada vez. Para que o mundo mude, você precisa mudar, tomar pequenos passos diários para transformar – na sua vida e no mundo – o que precisa ser transformado.

Você precisa aceitar este convite. Ouvir este chamado e dizer "sim".

O movimento é você.

BUDA DANÇANDO NUMA BOATE

Minha religião é o amor.
Cada coração é o meu templo.

RUMI

Às vezes, me perguntam nas redes sociais qual é minha religião. Minha resposta é sempre a mesma: "nenhuma", embora eu estude e respeite todas as principais religiões.

O termo "religião" vem do latim *religare*, que significa "religar". Ou seja, as religiões foram criadas para que o homem pudesse se reconectar com o sagrado, se religar ao divino.

Mas, antes disso, bem antes, já existia a espiritualidade. Num tempo em que a religião era desnecessária porque o homem já vivia conectado com o sagrado, com a Natureza, conectado com seu coração.

Por muito tempo, as religiões foram importantes e até mesmo necessárias, porque realmente a humanidade perdeu esta sabedoria e se perdeu de si mesma.

Na Era de Aquário, contudo, está cada vez mais despertando em cada um o desejo por essa conexão direta, sagrada, natural.

Quando meus leitores me perguntam como faço para desenvolver minha espiritualidade, sei que imaginam uma resposta que tenha a ver com meditação, jejum, yoga, igrejas, templos, orações, robes brancos, incenso, velas ou um indiano magrinho meditando aos pés do Himalaia.

Imaginam que vou falar de uma rotina matinal que começa às 4h30 e passa por uma ou mais das coisas acima. Fantasiam que vou recomendar que mudem sua alimentação, ou que se vistam de uma forma diferente ou especial.

E que façam uma viagem pra Índia, claro.

A única resposta que posso oferecer é muito diferente disso. E, talvez, muito menos interessante ou charmosa. Mas, por outro lado, esta resposta fala de uma espiritualidade muito mais acessível e que está ao seu alcance hoje mesmo, independente de quanto tempo você tem livre ou quanto dinheiro tem no banco.

Espiritualidade é trabalhar com amor, dar significado ao seu trabalho. Fazer não só para pagar as contas no fim do mês, mas se colocar a serviço de outras pessoas e do universo. De preferência naquilo que você nasceu para fazer, usando seus dons, talentos e habilidades.

Mas, se isso não for possível, dar significado ao que você faz exatamente hoje. Enxergar como a oportunidade de aprendizado e crescimento, a preparação para um voo mais alto.

Espiritualidade é estar bem com as suas finanças, é entender que dinheiro nada mais é do que uma forma de energia como outra qualquer, é conseguir se conectar com a abundância e amor em vez do medo e da escassez.

É agir com coragem mesmo com medo sempre que a voz do seu coração mostrar o caminho certo, inclusive quando este caminho não for o mais *gostosinho*.

É perceber, quando não se tem tudo o que se gostaria, que existe uma diferença sutil, mas muito importante, entre o que é desejo ou vontade, daquilo que é essencial na sua vida hoje. E sentir uma gratidão profunda ao perceber que o essencial, necessário para a sua sobrevivência, já está sendo suprido pelo universo.

Espiritualidade é estar presente nos seus relacionamentos, enxergar a divindade no outro e honrar isso. É dar ao outro o seu tempo e a sua atenção plena.

É perceber que as pessoas em volta não são só figurantes na sua história, elas têm histórias também. É escutar essas histórias com o coração, se abrir para o outro.

É perdoar. Não porque você é ~espiritualizado~ e superior, mas porque você se deu conta de que aquilo que você acreditou que tinha acontecido não aconteceu. Você corrigiu sua percepção.

Espiritualidade é andar nas ruas da sua cidade e, em vez de olhar apenas para a sujeira ou a violência, enxergar a beleza da cor do céu, sentir com prazer a brisa que bate no seu rosto quando você atravessa a rua, é ver as árvores e entender que elas têm uma sabedoria milenar, e respeitar essa sabedoria.

TUDO É ESPIRITUALIDADE. NÃO SÓ MEDITAR AOS PÉS DO HIMALAIA.

Espiritualidade é observar quantas pessoas ~invisíveis~ trabalham para que você possa ter o que para você é ~garantido~, quem conserta os fios e cabos de eletricidade, as tubulações de gás sob o chão que você pisa, quem rala o queijo que você joga por cima do seu macarrão no restaurante.

É perceber que, hoje, você está exatamente onde deveria estar e o universo está lhe dando exatamente tudo o que você precisa no momento presente.

E é sentir gratidão por tudo isso.

É parar de rejeitar e resistir aos problemas, às adversidades e aos desafios, se achando injustiçado ou vítima porque a vida não está acontecendo exatamente do jeitinho que você acha que deveria estar.

É acreditar que existe uma inteligência superior a sua e abraçar a possibilidade de você não estar vendo, hoje, como estes problemas e adversidades só estão acontecendo para o seu próprio crescimento pessoal e espiritual.

É confiar e entregar, mesmo quando você não conseguir enxergar nada disso.

Tudo isso é espiritualidade, e pode fazer parte da sua vida hoje, a partir de Agora. Basta você fazer uma única nova escolha.

COMO NÃO LER ESTE LIVRO

Escrevi este livro com o objetivo de mostrar para você algumas áreas da sua vida (desde a sua agenda ao seu bolso, passando pela sua saúde, seu trabalho, seus relacionamentos e emoções) que talvez mereçam ser vistas de uma nova perspectiva – e, talvez, mereçam algumas mudanças, pequenas ou grandes.

Ofereço a você, aqui, ideias de pequenos passos práticos que você pode dar diariamente para colocar estas mudanças em ação. Para que a sua vontade de mudar não se perca quando... a vida acontecer.

O jeito errado de ler este livro é o que vamos chamar de "o jeito da Era de Peixes".

Lembra que falamos que a Era de Peixes adora um intermediário, um guru, um sabichão que por algum motivo misterioso sabe mais que você. Então, primeiro de tudo, você não pode se esquecer de que eu não sou seu guru ou qualquer espécie de intermediária entre você e a sua própria luz.

Meu único papel é, por meio de reflexões, perguntas e sugestões, ajudar você a se reconectar com a sua própria Verdade.

Também não existe neste livro nenhuma hierarquia entre os textos. Isso significa que você não precisa ler os capítulos na ordem em que estão organizados. Você pode, claro. Porque você pode qualquer coisa que fizer sentido para você.

Você pode fechar os olhos, respirar fundo, fazer uma pergunta para o universo, abrir o livro e deixar que a sincronicidade traga a você a resposta ou a reflexão que você precisa naquele momento.

E, por fim, não existe um único caminho de se fazer este movimento em direção a você mesmo. Há sete bilhões de habitantes no mundo, e isso significa que há sete bilhões de diferentes caminhos.

Descubra o que funciona para você. Ainda que ninguém nunca tenha feito nada parecido, acredite, se está alinhado com a sua Verdade, é o seu caminho.

Não leia este livro sem um caderno e caneta à mão. Todos os meus clientes e alunos têm um caderno que chamamos de "Caderno do Eu". Eu também tenho o meu, claro. Nele, anotamos nossos *insights*, ideias, medos, reflexões, e fazemos perguntas para o Universo.

Sugiro fortemente que você crie o seu Caderno do Eu para esta jornada.

Não deixe o ego convencer você que é necessário ir numa papelaria especializada e comprar um caderno de capa de couro e folhas de papel feito à mão no Nepal (daqueles que você vai ter pena de usar, aliás).

Basta roubar um caderno velho da escola do seu filho no ano passado, ou uma agenda antiga sua.

O importante é que, enquanto você lê este livro, você crie este espaço físico onde você possa refletir: escrever, desenhar, pintar, o que der na sua telha!

Desconfio que a sua alma vem pedindo por este espaço há tempos.

I

SIMPLICIDADE

Pode parecer incrível o que vou dizer: você tem o direito de voto supremo e de veto na sua vida. E a importância disso talvez seja maior do que você se dá conta.

É você mesmo que cria a sua realidade a partir das escolhas que faz.

Desde o que você escolhe colocar dentro do seu organismo na forma de alimento, passando pelos objetos que escolhe colocar dentro da sua casa, as pessoas com quem escolhe passar o seu tempo, até os pensamentos em que você escolhe se focar.

Você escolhe o estresse, a raiva, o ressentimento. Escolhe o riso, a compaixão, a alegria.

Transformar essas escolhas em escolhas conscientes é assumir uma responsabilidade imensa sobre como você cria a sua realidade, sobre como você reage às pessoas, aos fatos e às circunstâncias na sua vida.

Mas também é tomar as rédeas da sua vida nas suas mãos e voltar a ser o mestre do seu próprio destino.

Como você gostaria de se sentir?

Está deliberadamente fazendo escolhas nessa direção?

Quando fui demitida do meu último emprego de advogada, em 2012, eu precisei rever uma série de escolhas que tinha feito na minha vida, começando pela escolha da minha carreira. E resolvi que queria voltar atrás naquela escolha: eu queria retomar meu sonho de infância e viver de escrever.

Para isso, além de abandonar minha carreira de mais de 13 anos como advogada, precisei também abandonar meu carro, meu computador, meu celular, minha televisão, o apartamento onde morava, móveis, roupas, sapatos.

A simplicidade forçada foi uma das melhores coisas que aconteceu na minha vida. Ter menos coisas me permitiu enxergar com mais clareza o que era verdadeiramente importante para mim.*

---

* Acesse www.budadancandonumaboate.com.br e baixe materiais incríveis para complementar a sua jornada de simplicidade.

DESCUBRA O QUE É O SEU ESSENCIAL E, A PARTIR DESTA INFORMAÇÃO, RECONSTRUA AOS POUCOS SUA VIDA EM TORNO DELE.

O QUE É O SEU ESSENCIAL?

Você abre seu computador, entra nas redes sociais, e sente a pressão: a sociedade – e seus amigos no Facebook – esperam que você seja mais feliz, mais saudável, melhor, mais esperto, rápido, rico, sexy, popular, produtivo, invejado, bonito, admirado.

O sorriso de todo mundo parece mais branco que o seu – e aliás, por que diabos está todo mundo sempre sorrindo? Seus amigos parecem estar em férias eternas, na praia, na neve, numa lancha, bebendo cerveja artesanal num bar no meio do nordeste, vem cá, eles não trabalham não?

Está todo mundo sarado, barriga dividida, suado do *crossfit*, equilibrando em um dedo só numa postura de yoga que você precisa morrer e nascer três vezes para conseguir executar. Como eles podem ter esse corpo se toda hora você vê foto de comida japonesa, francesa, italiana, uma verdadeira volta ao mundo da culinária passando na sua *timeline*?

E todos os conselhos de vida que você recebe – toda aquela autoajuda feliz, motivada e positiva – está na verdade forçando você a colocar o seu foco no que falta na sua vida, o que está ruim e precisa urgentemente ser ~melhorado~.

De certa forma, essa fixação no que é positivo – que você vê aos montes nas redes sociais – só serve para te lembrar do que você não é, do que você não tem, do que você deveria ter sido, mas fracassou em ser.

Coincidência ou não, esse discurso bate com os comerciais da televisão, que fazem você acreditar que para ser feliz você precisa de um carro mais potente, uma namorada mais gostosa, um celular menor, um apartamento num condomínio de luxo.

A chave para uma vida melhor parece ser mais, mais, mais.

Mas, o que falta não são carros, relacionamentos, equipamentos tecnológicos, joias ou dólares. Você pode acreditar, hoje, que precisa de dinheiro, ou de um trabalho com Propósito, de um relacionamento amoroso bem-sucedido, da casa própria ou do último modelo de iPhone. Mas, a realidade é que as suas necessidades são muito menores do que isso: água, comida e abrigo.

E, se você está lendo este texto, acredito que estas suas necessidades estão sendo supridas neste momento. O resto não são necessidades, mas sim apenas vontades ou desejos. Não estou dizendo que eles são maus, eles podem até ser bons, mas são apenas bons.

Na sua vida, hoje, o que é essencial e o que é apenas bom?

Quando você descobre o seu essencial e se dá conta de que ele está – e sempre esteve – sendo suprido pelo universo, você se conecta com a vibração da abundância.

E, curiosamente, a partir daí você tem muito mais chances de realizar as suas vontades ou desejos. Dessa vez, sem perder a consciência de que eles não são essenciais para a sua felicidade.

O QUE FALTA AO SER HUMANO, HOJE, É A CAPACIDADE DE DISCERNIR O POUCO QUE É ESSENCIAL DO MUITO QUE É APENAS BOM.

DEIXE IR

A alternação entre dia e noite, luz e sombra sempre teve um profundo significado para os povos antigos. Ela manifesta a dualidade fundamental que se expressa de tantas outras maneiras na natureza e nas nossas vidas.

Desde o nível atômico, tudo no universo está sujeito a ritmos e ciclos. Na natureza temos o dia e a noite, as estações do ano (que, para os antigos, eram só duas: verão e inverno), as marés. Nas plantas, temos o embrião, as folhas, o botão, a flor e o fruto.

Nós também estamos sujeitos a esse ciclo, que a autora Clarissa Pinkola Estés chama de "vida-morte-vida". No nosso corpo, temos os batimentos cardíacos, a respiração (inspira, expira!), o dormir e o acordar.

A cada sete anos, todas as células do nosso corpo são substituídas por novas células e, do ponto de vista puramente físico, somos uma pessoa totalmente nova.

Os povos antigos compreendiam muito bem essa dualidade e a importância desse ciclo. Essa compreensão ainda existe em povos mais ~primitivos~, mas, em geral, o homem moderno se desconectou totalmente desse conhecimento tão simples, instintivo, antigo e importante sobre sua própria natureza e a natureza de todas as coisas na Terra (e até mesmo fora dela!).

A morte começou a ser vista como um mal, passou a ser temida. Não só a morte física, mas a morte como o fim necessário de um ciclo que se encerrou. As pessoas se esqueceram de que, para que um novo ciclo possa começar, é essencial que outro se encerre.

Isso se manifesta na nossa vida desde formas mais concretas – você só pode ter uma nova geladeira quando se livrar da velha que está quebrada e ocupando espaço na sua cozinha – até formas mais sutis: para encontrar um novo amor você precisa aceitar o fim do seu atual relacionamento que já terminou na prática.

Para que o seu relacionamento atual que está capenga possa entrar em uma nova fase mais saudável você precisa abrir mão de hábitos e comportamentos que não estão gerando bons resultados.

Para começar um novo trabalho você tem que aceitar o fim do seu atual emprego ou mesmo carreira.

Como eu disse, a cada sete anos, fisicamente, você é uma pessoa totalmente nova. Mas, do ponto de vista psíquico, muitas vezes nada se alterou. O seu corpo emocional está cheio de padrões e bloqueios que são os mesmos de sete anos atrás (ou de muito mais ciclos!).

Temos os mesmos problemas, as mesmas preocupações, insatisfações, mágoas, aflições, temos os mesmos medos, e temos os mesmos sonhos não realizados.

Para eu virar a Paula escritora, eu precisei dar adeus à Paula-advogada-com-mestrado-na-universidade-de-Columbia e tudo o que isso significava na minha vida. O respeito das pessoas, o status, o sucesso, o comodismo,

PARA SER UMA NOVA PESSOA VOCÊ PRECISA SE PERMITIR MORRER NA FORMA QUE VOCÊ É HOJE.

o dinheiro, os luxos e supérfluos. Era uma morte necessária, para que uma nova pessoa pudesse nascer.

Clarissa sugere algumas perguntas que eu recomendo que você se faça:

"A que eu preciso dar mais morte hoje, para gerar mais vida? O que eu sei que precisa morrer, mas hesito em permitir que isso ocorra? O que deveria morrer hoje? O que deveria viver? Qual vida tenho medo de dar à luz? Se não for agora, quando?".

Resgate o seu contato com os ciclos da vida, tanto na natureza quanto em você mesmo.

Entenda que a morte, em todas as suas formas, é bonita, importante e necessária.

Dê um passo em direção ao seu próprio desenvolvimento.

O que você mais teme deixar ir pode ser a cura que está faltando na sua vida.

QUAL É A SUA MÚSICA FAVORITA?

Certa vez, recebi um e-mail de uma leitora que dizia: "Estou tão esquecida de mim que se você me perguntar de que música eu mais gosto eu já não sei te responder".

E depois ela mencionava uma porção de coisas que gostaria de mudar na sua vida, desde seu trabalho e carreira até seu relacionamento amoroso, passando por suas finanças.

Não existe mudança possível enquanto você não se lembrar de quem você é. Não existe Alegria, Amor ou Paz verdadeiros se você não se lembrar de quem você é.

E um dia você vai se dar conta de que está vivendo a vida de uma outra pessoa. "Bem-sucedido", mas extremamente infeliz.

Enquanto você não se lembrar de quem você é, você também não vai lembrar de que é parte de um todo muito maior que você, do qual todo mundo com quem você interage no seu dia a dia também é parte.

E essa sua desconexão com o todo, ou Universo, ou Amor, ou caldo da vida, ou Amor líquido, ou Deus, ou consciência cósmica, ou como você preferir chamar, vai te dar uma sensação de *despertencimento*, de estar perdido, de faltar algo dentro de você.

É muito provável que – graças à sociedade e ao consumismo – você comece a procurar isso que falta dentro de você...fora de você. Em um emprego novo, um carro novo, um relacionamento novo, uma bolsa nova, um sapato novo.

Aquela vida ~perfeita~ de uma outra pessoa que você acompanha somente por fotos muito bem produzidas e editadas no Instagram.

Você pensa que só quando você tiver essas coisas você poderá ser feliz.

E vai trabalhar além da conta, provavelmente em algo que você nem gosta, que não alimenta a sua alma. Apenas para fazer dinheiro suficiente para consumir essas coisas. Talvez você se pegue vivendo de holerite em holerite.

E, se um dia você tiver a sorte – ou azar? – de conquistar todas essas coisas, você vai cair em si e perceber que nada disso trouxe felicidade.

E talvez, você perceba, também, que o preço que você pagou por todas elas foi muito, muito mais do que apenas o dinheiro que custaram. Você pagou com o seu tempo. Você pagou com a sua alma. Você pagou com a sua vida.

A verdadeira felicidade é muito mais acessível e simples do que isso. Basta você se lembrar, e muito bem, de que música você mais gosta.

E escutá-la todos os dias. E muitas vezes.

Comece hoje.

O QUE VOCÊ QUER DE VERDADE?

No meu livro *Escolha sua vida*, escrevi sobre como deixamos de refletir antes de tomar decisões – muitas delas importantes – nas nossas vidas. Sobre como muitas pessoas têm um carro sem nunca se questionar se realmente precisam de um. Ou como casais decidem ter filhos sem avaliar se realmente ter um filho se encaixa no estilo de vida que levam – ou pretendem levar – e no tempo livre de que dispõem.

Por conta destes questionamentos, uma leitora me escreveu o seguinte: "Nossa, mas se eu for pensar a cada vez que for tomar uma decisão, não vai ser muito cansativo?".

De fato, começar a fazer escolhas conscientes pode ser um tanto cansativo no começo. Muitas coisas na vida são assim.

Pensa em um bebê aprendendo a andar. Ele levanta titubeando, se segura em algum móvel e, quando sente que está de pé, se empolga e solta as mãos. Dá um pequeno passo, no máximo dois e... PÁ. Cai estatelado no chão. Levanta. E repete tudo de novo. Centenas de milhares de vezes.

Certamente é cansativo... Até o momento em que não é mais! Vai ficando mais fácil, vira o óbvio, natural, um hábito.

A mesma coisa acontece quando aprendemos a andar de bicicleta, dirigir, cozinhar, e tantas outras coisas que precisamos fazer na vida adulta.

Mesmo que você nunca tenha se dado conta da incrível possibilidade de controlar a sua própria mente, isso não significa que ela nunca foi controlada. Só significa que, até o momento, um outro alguém estava no controle.

Os seus Valores, as suas crenças familiares ou culturais, a forma como você se posiciona diante do trabalho ou das suas dificuldades, dos seus relacionamentos, o seu desejo de ter coisas, e até mesmo que coisas você deseja ter, tudo isso foi escolhido por você pelo mundo externo.

Para sua felicidade, mudar essa situação está nas suas mãos. A cada novo dia, você tem a oportunidade de refazer as suas escolhas. De rever os caminhos que decidiu percorrer, as coisas, pessoas, opiniões e conquistas a que escolheu dar valor, os seus conceitos sobre felicidade e sucesso.

Ao fazer isso, talvez você descubra que a carreira que você foi pressionado a escolher aos 17 anos não faz mais sentido para você hoje. Ou que o relacionamento abusivo ou fracassado, que você teima em manter para agradar a família, não lhe faz bem. Ou que você detesta fazer *crossfit só porque está na moda, e o que você gostaria mesmo é de escalar montanhas nos finais de semana.*

Além de rever as escolhas que você fez no passado, você pode também começar a fazer novas escolhas com mais consciência e simplicidade. Você mesmo.

TALVEZ VOCÊ DESCUBRA QUE A SUA VERDADEIRA FELICIDADE VEM DE COISAS MUITO MAIS SIMPLES DO QUE VOCÊ FOI ENSINADO A ACREDITAR ATÉ AGORA.

SE OS SEUS SONHOS NÃO SE REALIZAREM, FAÇA ISSO

Você está tentando ser uma pessoa melhor, eu sei. Você lê livros de autoajuda, de espiritualidade, de filosofia, ou talvez biografias de pessoas incríveis, reflete sobre os textos, as histórias, os exemplos.

Talvez você faça até mesmo workshops, treinamentos ao vivo, cursos online, assista a algumas palestras aqui e ali.

De vez em quando você se lembra de meditar logo que acorda. E você gostaria mesmo é de acordar mais cedo e meditar todos os dias. De repente fazer até um retiro de meditação, uns dias de silêncio guiado por algum guru.

No seu trabalho, você procura ser uma pessoa ética. Você vê coisas ~estranhas~ acontecendo ao seu redor, mas procura se manter limpo e fora de confusão.

Você leu algo sobre minimalismo, ou simplicidade, ou a mágica da arrumação da Marie Kondo, e você vem arrumando sua casa, doando aquilo de que não precisa mais. E isso fez você começar a perceber como você precisa de muito menos do que imaginava para ser feliz.

Isso também fez você pensar duas vezes antes de consumir novas coisas por impulso. Antes de abrir a carteira, você considera também se existe trabalho escravo por trás do preço barato da grande cadeia de roupas.

Você é a favor do fim dos canudos plásticos, se preocupa com o futuro do Planeta Terra, quer reduzir sua pegada ecológica.

Considere tudo o que você faz hoje. Seja na sua casa, no seu trabalho, com a sua família, no seu relacionamento amoroso, na sua espiritualidade, tudo.

E me diga: você faria exatamente o que está fazendo, mesmo se seus sonhos pudessem *não se realizar*? Se você descobrisse que os resultados de todas as coisas que você tem feito podem não vir nesta vida?

Você faria tudo isso só mesmo pela sua realização pessoal – não para ser uma "pessoa melhor", ou para agradar ninguém e ficar bem na fita?

Porque muitas coisas boas que vivemos hoje são frutos de atitudes, gestos, decisões que outras pessoas tomaram décadas ou até mesmo séculos atrás, e cujos resultados positivos aquelas pessoas nunca puderam ver.

Muitas mulheres que lutaram para ter o direito de votar, abrir uma conta no banco sem a autorização prévia do marido, ou de trabalhar fora de casa, nunca chegaram a fazer estas coisas em vida. Muitos líderes que lutaram pelo fim da escravidão nunca chegaram a ser livres. Outros, que lutaram pela paz, morreram de forma violenta.

O mundo lá fora vai tentar convencê-lo de que as suas causas estão perdidas – esteja você buscando a iluminação espiritual ou melhores condições para a população carente de determinado lugar.

FAÇA AQUILO QUE VOCÊ ACREDITA PELO SIMPLES MOTIVO DE QUE LHE FAZ SENTIR ALEGRE. TRAGA SUA ALEGRIA COM VOCÊ ONDE VOCÊ FOR. COMECE A PERCEBER QUE A SUA ALEGRIA É O RESULTADO DO SEU CONTATO COM A SUA VERDADE, A SUA ALMA, E TUDO O QUE HÁ DE MAIS PROFUNDO DENTRO DE VOCÊ.

Então, não faça estas coisas apenas pelo resultado final. Porque sim, pode ser que seus sonhos nunca se realizem. Ou não se realizem como você imagina, ou quando você gostaria.

Ofereça sua alegria para o mundo.

DEIXE A NATUREZA SER SUA PROFESSORA

Antes de o homem organizar suas reflexões na filosofia ou suas crenças na religião, ou seja, antes de criarmos sistemas para organizar nossos pensamentos e espiritualidade, a Natureza era nossa única professora. Nossa maior inspiração.

Os antigos observavam o céu e o movimento das estrelas e planetas para entender aquilo que estava por vir. Os nativos observavam os rios, árvores, montanhas, e o comportamento dos animais para entender sobre si mesmos.

Isso porque, antigamente, o homem ainda não tinha se esquecido de algo muito importante: que ele é um animal e faz parte da Natureza. Que ele também está sujeito aos ciclos naturais e a todas as mesmas leis que se aplicam às nuvens, às montanhas, aos rios, cachoeiras, ao mar, aos pássaros, aos guaxinins, às mangueiras e às mangas.

Hoje, esquecidos dessa realidade, nos referimos à Natureza como algo distante, algo do qual não fazemos parte, ela lá e nós aqui, "a Natureza e o homem".

Com essa separação que criamos, perdemos o cuidado com aquilo que é essencial para a sobrevivência da nossa espécie e consumimos de forma insustentável os recursos naturais.

Perdemos, também, toda esta inteligência sobre nós mesmos a que tínhamos fácil acesso, toda a sabedoria e inspiração que estava – e ainda está! – disponível para nós.

E a maior inspiração que a Natureza oferece é como ela transcende qualquer limitação. Como ela é abundante.

A Natureza não vê obstáculos a não ser para superá-los. As águas do mar não param diante de um amontoado de pedras para perguntar 'quem diabos colocou aquelas pedras ali, meu pai-do-céu?', nem para reclamar.

Não importa o quão empacado você ficar na vida, lembre que o mar da experiência se move sempre no sentido de te libertar.

Se você deixar ir sua necessidade de apego a qualquer coisa, sua necessidade de controle, sua necessidade de abafar suas experiências "negativas", o mar da vida vai te levar exatamente onde você precisa ir.

HOJE É UM BOM DIA PARA MORRER… E RENASCER

No século XIX, o grande chefe indígena Sioux Crazy Horse (Cavalo Louco), defendendo as terras e tradições Dakota contra as forças do governo norte-americano, teria dito, antes de uma luta desigual: "Hoka Hey! Hoje é um bom dia para morrer".

Por sorte, você não está em uma guerra desigual e fadada ao fracasso como as Guerras Indígenas nos Estados Unidos, mas, ainda assim, lhe faço a pergunta:

Qual é a parte de você que precisa morrer? O que você precisa deixar ir pra abrir espaço para o novo?

Você tem um grande sonho, *arram*, eu sei. Mas tem espaço na sua vida pra esse sonho? Ou a sua mente está abarrotada de pensamentos e crenças assim como o seu armário está abarrotado de roupas que você não usa mais? Esses pensamentos e crenças combinam com você? Eles te servem? Eles te ajudam?

Essa é a sua única vida, e ela está passando. Sim, eu acredito em muitas vidas, mas somente nesta você será esta exata combinação dos elementos, somente nesta você terá estes pais, esta família, esta infância, estas experiências de vida, estes dons, estes talentos, este sonho plantado no seu coração desde antes de você nascer.

Ou, como ouvi recentemente: com este CPF, é só dessa vez!

ABRA-SE PARA A INFORMAÇÃO DE QUE A VIDA SEMPRE ESTÁ MOVENDO VOCÊ PARA A FRENTE, NA DIREÇÃO DA SUA EVOLUÇÃO, E O SEU PODER E O PODER DA VIDA SE TORNARÃO UM SÓ.

Somente nesta vida agora você pode ser a expressão disso tudo. Você está sendo?

Se a resposta for não – ou aquelas longas justificativas do ego de "*não exatamente, mas porque falta tempo/dinheiro/apoio/coragem/mimimi*"– eu repito a minha pergunta: qual é a parte de você que precisa morrer?

Mas, hoje também é um ótimo dia para renascer. Para escolher quem você quer ser. Para ser completamente diferente de ontem – ou completamente igual, se assim você escolher. Para se recriar. Se reinventar. Se reciclar.

Hoje você foi abençoado de abrir os olhos e descobrir que... ainda está vivo!

O que você vai fazer com este presente?

SÓ PORQUE MUITA GENTE FAZ, NÃO QUER DIZER QUE SEJA UMA BOA IDEIA

Se todo mundo comer cocô,
você vai comer também?
MINHA MÃE

Quando falo das vantagens da simplicidade, sei que estou indo na contramão da sociedade, da mídia, e também da sua *timeline*.

Embora já surjam aqui e ali movimentos como o minimalismo, as casas minúsculas (*tiny houses*), e livros como os da japonesa Marie Kondo recomendando que você não tenha nada em casa que não lhe faça feliz, a verdade é que uma vida simples ainda não é uma realidade para a maioria das pessoas.

Pelo contrário, a maioria continua acreditando que precisa de cada vez mais coisas pra ser feliz.

Mas só porque muita gente faz, não quer dizer que seja uma boa ideia. Significa que é popular, o que é muito diferente. Popular não prova que seja genial, ou que seja bom. Só significa que muita gente pensa que sim.

E, normalmente, quando muita gente acredita numa mesma coisa, é porque (I) existe alguma crença cultural forte enraizada (não necessariamente lógica), ou (II) existe algum esforço de *marketing* muito bem bolado por trás, que visa justamente fazer você se juntar à massa (independente de isso ter qualquer lógica ou ser bom pra você).

Ou seja, o que é "popular" pode ser só uma representação bem distorcida de uma "boa ideia".

O típico emprego é mesmo uma boa ideia pra você? A típica empresa é mesmo uma boa ideia pra você? O típico casamento é mesmo uma boa ideia pra você, tão boa que valha a pena você muitas vezes entubar uma relação tóxica, sem amor, ou cheia de abuso? A típica família é uma boa ideia pra você, ter filhos é uma boa ideia pra você? A típica forma de empreender e vender o seu trabalho é uma boa ideia, mesmo que faça você se sentir um idiota, manipulador, um incômodo?

O papel principal do sistema educacional deveria ser de educar (duh!) e incentivar a inteligência e criatividade. Mas, olhe em volta: as aulas de artes sendo cortadas cada vez mais cedo (quando tem!). Aula de música? Uma raridade. Não se ensina meditação nas escolas. Por que será?

Será que existe mesmo o interesse em indivíduos criativos que conseguem pensar por si mesmos ou existe o interesse em criar sujeitos inseguros na sua própria capacidade de criar e de resolver problemas, e que por isso mesmo estão mais propensos a aceitar "boas ideias"?

Se todo mundo faz a mesma coisa e do mesmo jeito, está na hora de você se perguntar se é mesmo uma boa ideia *para você*.

E SE FOR MUITO MENOS?

Certa vez, comecei uma sessão do meu grupo de mentoria celebrando que tinha acabado de comprar 4 galinhas e um galo (que depois viraram seis galinhas e dois galos...).

Todo mundo riu, claro.

Mas o motivo de eu ter contado isso logo no começo da sessão não foi só descontrair e fazer todo mundo rir. Muito pelo contrário, foi um motivo muito sério, que quero compartilhar com você também.

Anos atrás, quando eu ainda trabalhava como advogada no mundo corporativo, eu sonhava em mudar de vida, em seguir a minha paixão (escrever) e viver de fazer o que eu amava.

MAS.

Eu achava que era impossível recomeçar, porque eu acreditava que era impossível ter o meu então ~estilo de vida~ fazendo o que eu amava.

Talvez, você tenha uma crença parecida... então é importante eu lhe contar que existem dois grandes erros nessa crença, que eu não conseguia enxergar, e que talvez você também não consiga.

Primeiro, eu acreditava que não era possível fazer dinheiro fazendo o que eu amo. E isso é uma grande mentira. Anos depois, eu faço mais dinheiro hoje escrevendo todos os dias e ajudando pessoas do que fazia lá atrás advogando.

Mas, mais importante do que isso, hoje eu percebo que minha maior preocupação, "não ter dinheiro pra manter meu estilo de vida", era baseada numa mentira: aquele *não* era o estilo de vida dos meus sonhos!

Hoje, em vez de gastar milhares de dólares comprando a próxima bolsa Chanel, o meu investimento dos sonhos mais recente foi de 350 reais nas minhas galinhas caipiras. Que vivem soltas no meu quintal

E qual é o motivo de eu ter compartilhado isso com meu grupo de Mentoria e agora com você?

Bem, quanto mais você se conhecer, se questionar, e entender o que é verdadeiramente importante *para você*, mais clareza você vai gerar sobre o que você precisa fazer para chegar lá.

Pode ser que você, como eu, descubra que é muito menos do que você pensava.

VIVER SIMPLES, AMAR GRANDE

Tenho uma tatuagem na nuca que diz: "*Live simple. Love big.*" Dois compromissos apenas, mas que mudaram a minha vida.

Viver simples. Entender que eu não precisava de nada do que eu tinha conquistado materialmente pra ser feliz de verdade me permitiu me livrar em 2012 de mais da metade do que eu tinha e me mudar feliz pra um apartamento da metade do tamanho, com vista para uma parede.

Porque eu tinha um Propósito.

Isso permitiu que meu "colchão" financeiro durasse o dobro do tempo, o que me deu o tempo suficiente pra começar a pagar minhas contas com o dinheiro das minhas ideias.

Amar grande. Quando percebi que, mesmo quando eu estava no fundo do poço, eu podia compartilhar o meu amor com outras pessoas, e que aliás isso era o melhor que eu tinha para oferecer, eu finalmente me conectei com o verdadeiro fluxo da abundância.

Até então, eu tinha feito bastante dinheiro na minha carreira de advogada sim, mas quando estamos fora do fluxo, tudo vem com muito sangue, suor e lágrimas, e comigo não foi diferente.

Certa vez, em uma viagem para os Estados Unidos, eu ganhei mais de mil dólares de *upgrades* nas passagens. E minha primeira refeição assim que cheguei ao aeroporto de Houston também foi de graça, só porque a cozinha cometeu um erro com o meu pedido original.

Isso é abundância. E não tem tanto a ver com dinheiro, percebe?

Viva simples, ame grande, e confie que o resto vem.

ABRA ESPAÇO PARA O NOVO

Quando eu abandonei a carreira de advogada para seguir minha paixão e viver de escrever, eu ainda não sabia, mas estava fazendo algo muito, muito maior do que apenas abandonar minha carreira, uma faculdade, pós-graduação e mestrado no exterior.

Da mesma forma, na mesma época, ao me mudar pra um apartamento da metade do tamanho, e me desfazer da metade dos meus móveis, roupas, sapatos, bolsas e coisas em geral, eu estava fazendo algo muito maior do que apenas fazer meu colchão financeiro durar um pouco mais.

Eu ainda não sabia, mas o que eu estava fazendo *mesmo* era abrir espaço para o novo na minha vida, deixando ir tudo aquilo que já não me servia mais, não me representava, não estava alinhado com a minha Verdade, não me trazia mais felicidade.

Eu achava, na época, que estava fazendo aquilo tudo pra poder viver de escrever. Imaginava minha vida de pijama sentada debaixo das cobertas com um laptop nas pernas (tipo estou agora).

Mas, no ano seguinte, eu estava atravessando o deserto do Saara a pé, comendo um pão feito debaixo da areia por beduínos, dormindo acampada e fazendo pipi atrás de uma duna. E o melhor: eu estava fazendo isso a trabalho, levando um grupo de clientes de *coaching*.

Um trabalho, veja você, muito, mas muito diferente do que eu tinha imaginado um ano antes. Aliás, mais do que isso, um trabalho que eu *nunca*, nem no meu delírio mais louco, sequer poderia *imaginar* que *existia*!

Tenho certeza de que, hoje, na sua vida, tem um monte de coisas que não te representam mais, não têm mais nada a ver com a sua essência, e pode ser que isso vá desde algo importante quanto o seu relacionamento amoroso ou o seu trabalho, até coisas menores como aquela calcinha bege meio puída que habita na sua gaveta de *lingerie*.

Aproveite o dia de hoje para rever tudo isso. Coloque no papel, faça uma lista do que não tem mais a ver com você (e tá tudo bem!).

E trace um *plano* pra abrir espaço para o novo na sua vida.

II

ENTREGA

Logo depois que escrevi meu último livro, *Escolha sua vida*, comecei a escrever um livro sobre entrega. Porque eu achava que era uma grande *expert* nesse assunto, por ter jogado uma carreira de sucesso para o alto e seguido o meu sonho, sem saber como isso pagaria minhas contas.

Mas, aprendi que quando a gente se propõe a aprofundar alguma área da nossa espiritualidade, ou do nosso Ser, é como se a gente se matriculasse em uma matéria na "universidade do universo".

E nesta universidade, meu amigo, não tem só teoria não. Tem prova também. E como!

Nos últimos anos, desde que abracei este projeto, minha vida deu muitas voltas. Tantas que já tive que recomeçar a escrever o tal livro pelo menos três vezes. E, sempre que eu acho que "aaaaaah! Agora sim eu estou *expert* em entrega!", cai outra bigorna na minha cabeça, como se o universo dissesse: ah é?, então *toma essa*!

É muito fácil ser espiritualizado e conectado quando tudo está bem na nossa vida. Quando todas as coisas acontecem exatamente do jeito que a gente planejou e gostaria. Quando todas as nossas experiências são positivas.

Mas a gente sabe, a essa altura, que a vida não é assim. E, por isso mesmo, proponho aqui algumas práticas simples para você experimentar a entrega no seu dia a dia.

É ok não saber.

Mesmo que a gente não se conheça pessoalmente, ou que eu não saiba o que está acontecendo com você nesse exato momento, tenho certeza de que existem algumas coisas, hoje, que você gostaria de saber sobre a vida. E sobre a *sua* vida.

Talvez você esteja em um trabalho que não o realiza, mas ainda não saiba o que gostaria de fazer em vez disso. Ou talvez você esteja em um relacionamento que não está indo bem, mas não saiba se o melhor agora é terminar ou dar mais uma chance.

Às vezes, não sabemos o que queremos, o que vai acontecer depois, ou como a nossa vida vai ser daqui a algum tempo. E está tudo bem.

Se a sua resposta a qualquer pergunta hoje na sua vida é *eu não sei*, então diga isso. Em voz alta. Claramente. E fique em paz com essa resposta, que é a que você tem hoje. Fique em paz com o não saber.

A autora Louise Hay diz que "tudo que eu preciso saber será revelado a mim na sequência perfeita de tempo-espaço".

Isso, basicamente, quer dizer que, se você ainda não sabe o que gostaria de saber, é porque ainda não é a hora de você saber.

Pode ser que você não saiba porque o que está vindo pela frente é muito diferente de qualquer coisa que você já experimentou antes. É uma surpresa.

Pode ser que você não saiba porque seria muito difícil, muito confuso para você agora. Tiraria você do momento presente, deixaria você preocupado, ansioso sobre como você poderia controlar tudo ou como você poderia fazer dar certo.

Às vezes, a sua alma já sabe, mas ainda não é a hora certa para a sua mente consciente saber. Se você soubesse, talvez você não fosse passar pelas experiências pelas quais você precisa passar para descobrir a resposta que você está buscando.

Mas, atenção. Quando chegar a hora certa, pode ser que você não esteja prestando atenção suficiente. Ou que seu foco esteja em outras coisas menos importantes.

Às vezes, nós não temos clareza porque nós colocamos muitas distrações nas nossas vidas.

E depois ficamos fazendo *mimimi* porque não temos clareza. O que só atrapalha ainda mais o universo de se comunicar com a gente, porque o universo não consegue se comunicar quando a gente está fazendo *mimimi*.

Comece seus dias se perguntando o seguinte: o que eu gostaria de aprender hoje?

Depois de decidir sobre o que você gostaria de aprender, se pergunte – e seja muito honesto na resposta:

Que tipo de distrações estou colocando na minha vida, hoje, e que podem estar me atrapalhando ou impedindo de atingir a clareza que eu gostaria?

E-mails demais, tempo demais gasto no WhatsApp, Facebook, Instagram, Snapchat, ou outras mídias sociais, seriados, Netflix, novelas, milhões de sites de curiosidades e coisas "emocionantes" abertos no seu

E, ÀS VEZES, O PROCESSO DE APRENDER A ENTREGAR, O PROCESSO DE PASSAR PELA EXPERIÊNCIA E CONFIAR QUE VOCÊ VAI DESCOBRIR A SUA PRÓPRIA VERDADE, NO FINAL, É MAIS IMPORTANTE DO QUE SABER.

navegador, álcool demais, drogas demais, comida demais, o que mais está distraindo você?

De novo: o que você gostaria de aprender nos próximos dias?

Elimine as distrações e se permita aprender o que, lhe garanto, o universo está louco para lhe ensinar.*

---

* Acesse www.budadancandonumaboate.com.br e baixe materiais incríveis para complementar a sua jornada de entrega.

UM LUGAR PIOR DO QUE O FUNDO DO POÇO

Há alguns anos, eu estava trabalhando tranquilamente no departamento Jurídico de uma grande multinacional de petróleo e gás. Eu não fazia a menor ideia do que estava por acontecer...

Naquele mesmo dia, mais tarde, meu chefe me avisaria que a empresa estava passando por uma reestruturação e algumas vagas estavam sendo extintas.

"E a sua é uma delas" – ele completou.

No mesmo momento, tive que entregar a chave do carro da empresa que eu usava, o laptop, o *blackberry*. Recebi um voucher para voltar de táxi para casa.

Uma amiga recolheu alguns pertences meus e colocou na minha bolsa, e me entregou tudo na sala de reunião onde eu estava. Sim, eu nem sequer voltei mais na minha mesa.

O resto das minhas coisas seria entregue em uma caixa alguns dias depois, na minha casa.

Lembro da sensação daquele momento como se fosse hoje: um alçapão se abrindo sob meus pés e meu coração caindo, caindo, caindo...

... num poço sem fundo!

(é, nesse dia eu descobri que há um lugar pior do que o fundo do poço!).

Talvez você saiba do que eu estou falando... já tive clientes e alunos que disseram ter sentido o mesmo ao ouvirem de seus maridos que queriam o divórcio, ou ao receber a notícia da morte inesperada de alguém querido, ou no momento do diagnóstico de uma doença grave, como um câncer.

Estes são os momentos da vida em que, por alguns instantes, parece que deixamos de ser nós mesmos. Uma parte de nós morre, às vezes para sempre.

No momento da minha demissão, eu não era mais a minha versão advogada. No momento do divórcio você deixa de ser a sua versão "casada", ou "esposa/marido de fulano/a". No momento do diagnóstico de uma doença grave deixamos de ser a nossa versão "saudável" que, até então, dávamos por garantida e achávamos que seríamos para sempre.

As reações possíveis são inúmeras quando estamos nesses momentos de encruzilhada da vida.

Eu poderia ter me revoltado. Poderia ter xingado Deus (ou no mínimo, o meu ex-chefe). Poderia ter ficado deprimida. Poderia ter me entregado ao desânimo e à desesperança.

E olha, se você me perguntar por que isso não aconteceu comigo, eu não sei explicar direito até hoje. Mas tenho uma teoria.

O poeta sufi, Rumi, escreveu que "a ferida é o lugar por onde a luz entra em você". Há alguns anos, uma ferida extremamente profunda me abriu finalmente para uma luz infinita.

Foi a partir daquela ferida que eu percebi que não queria mais trabalhar com algo que não fazia sentido e

HOJE EU ACREDITO QUE LÁ, NO POÇO SEM FUNDO, É O LUGAR ONDE SENTIMOS O SOFRIMENTO MAIS PROFUNDO QUE A ALMA HUMANA É CAPAZ DE SENTIR. MAS, AO MESMO TEMPO, E TALVEZ POR ISSO MESMO, É O LUGAR ONDE A GRAÇA DIVINA SE TORNA MAIS ACESSÍVEL.

não me realizava, apenas para pagar contas e comprar coisas caras para impressionar pessoas que não eram importantes para mim. Percebi que trabalho sem se colocar a serviço do outro não valia nada.

E isso mudou a minha vida. Para melhor, muito melhor.

Se hoje você está sofrendo, se hoje você está ferido, se hoje você está no fundo do poço, ou se hoje você está em queda livre no poço sem fundo, acredite: "*tá tudo bem*".

Agradeça. Se abra para a luz.

Porque é a escolha que você vai fazer agora, e a sua entrega, que vão definir a vida que você vai estar vivendo daqui a alguns anos.

ENTREGUE-SE AO SEU CHAMADO

Certa vez, andando pela rua São Clemente para pegar um táxi, vi uma daquelas cenas razoavelmente comuns nas grandes cidades, mas que nunca deixa de me chocar.

Dois caminhões do Corpo de Bombeiros cercavam o local de um acidente que tinha acabado de acontecer. No chão, já coberto em plástico, o corpo estendido da vítima. O carro batido num poste, com a frente amassada. Duas mulheres que choravam e se abraçavam.

Era sábado, estava sol e um dia lindo. Eram apenas 9h30 da manhã. Assim que entrei no meu táxi, não pude deixar de pensar em como aquela pessoa, saindo de casa naquela linda manhã de sábado, jamais podia imaginar que dali a alguns instantes estaria morta.

Mas, apesar de morta, aquela pessoa não tinha um problema. Ela viveu uma situação de emergência, em que havia apenas dois desfechos possíveis: sobreviver ou morrer.

Nenhum dos dois desfechos seria um problema para ela.

Muitas vezes, o nosso ~problema~ não existe de verdade no momento presente.

Em alguns momentos, estamos revivendo problemas do passado – uma velha história de tristeza, perda ou dor – que nos impede de ir adiante.

QUANDO A GENTE ESCOLHE CONSCIENTEMENTE VER NOSSAS DIFICULDADES, ESSAS SITUAÇÕES DE DOR, OU ESSES PROBLEMAS COMO O NOSSO CHAMADO, E QUANDO NOS DISPOMOS A EMBARCAR NESSA JORNADA, ESCOLHEMOS CRIAR PARA NÓS MESMOS UMA NOVA HISTÓRIA.

Em outras ocasiões, estamos antecipando problemas futuros cuja materialização ou desfecho não temos como prever.

O "Chamado" é o primeiro estágio ou primeira etapa do que o mitólogo Joseph Campbell batizou de "Jornada do Herói", uma estrutura encontrada na mitologia, lendas, histórias, contos de fadas, religiões, literatura e até mesmo filmes de cinema ao redor do mundo.

Essa estrutura, curiosamente, também é a mesma que observamos na nossa própria vida. Na nossa jornada humana.

Muitas vezes estamos seguindo um curso determinado, quando somos surpreendidos por acontecimentos fora do nosso controle: separações, divórcios, falência, doenças, uma traição, a morte repentina de alguém querido.

Você tem um problema hoje?

E se essa dor pudesse ser transformada em fonte de poder, na oportunidade e combustível que faltavam para você seguir em uma grande aventura com desafios que são necessários para a sua evolução pessoal e espiritual?

E se você pudesse transformar todo o seu sofrimento em aprendizado?

Chega de ser uma vítima das circunstâncias.

É hora de você se entregar ao seu Chamado e se tornar aquilo que você nasceu para ser.

ONDE ESTÁ O SEU LENÇOL?

Quando uma criança escuta um conto de fadas, vê um desenho ou lê um livro, ela enxerga ali expressões metafóricas de seus desafios cotidianos. Ela adora os heróis corajosos, sortudos ou habilidosos, e se identifica imediatamente com eles.

Pergunte a uma criança qual personagem ela gostaria de ser na história que acabou de ouvir, e a resposta quase sempre será o protagonista. A criança não quer ser o amigo do herói, a irmã do herói, o ratinho de estimação do herói.

A criança sempre se vê como o herói.

Certa vez, Harvey Cox, um teólogo da Harvard, estava falando para uma plateia de 600 pessoas, todas elas cristãs. Ele contava uma história bíblica em que Jesus era abordado por um homem muito rico cuja filha estava doente.

A caminho da casa do homem, porém, Jesus é abordado por uma mulher pobre que toca no seu manto para se curar de uma hemorragia. Em vez de se zangar, Jesus a cura.

Quando chega finalmente na casa do homem rico, a filha já está morta. Mas Jesus ordena que ela acorde e ela obedece.

No meio da palestra, Cox pediu que as pessoas na plateia que se identificassem com os personagens da história se levantassem. A maioria se identificou com a mulher pobre, ou o pai, ou a menina morta.

Em uma plateia de seiscentos cristãos, apenas seis pessoas afirmaram se identificar com seu herói Jesus.

Um por cento.

Em algum momento, entre a infância dos nossos super-heróis e a vida adulta, aquela vontade de amarrar um lençol no pescoço e ~voar~ de cima do sofá se transforma em um desejo de que o outro, em vez da gente, seja o herói.

Porque é mais fácil *admirar* os heróis do que *fazer o que eles fazem.*

Se você mudasse a sua forma de ver a si mesmo e começasse a perceber que cada dia é apenas um dia dentro de uma jornada muito maior?

Quem serão os vilões da sua história? E os seus aliados? Os velhos sábios que você vai encontrar no meio da floresta e que vão te dar exatamente a informação de que você precisava?

Como seria a sua vida se você se permitisse voltar a ser criança, amarrar o lençol no pescoço e saltar? Se você se permitisse se entregar com fé?

Se dê essa oportunidade.

O mundo precisa dos heróis, e precisa muito.

E SE, A PARTIR DE HOJE, VOCÊ ESCOLHESSE SER O PROTAGONISTA DA SUA PRÓPRIA HISTÓRIA? SE ENCARASSE OS SEUS ~PROBLEMAS~ COMO DESAFIOS, COMO OPORTUNIDADES DE USAR A SUA CRIATIVIDADE, DE APRENDER NOVAS COISAS, DESENVOLVER NOVAS HABILIDADES?

VOCÊ SE PERMITE SONHAR?

No meu trabalho, ajudo as pessoas a estabelecerem objetivos, fazerem planos e se organizarem, se inspirarem e se motivarem para realizar estes sonhos. Mas, muitas vezes, o problema não é a falta de objetivo, metas, planejamento ou organização.

Já perdi a conta de quantos clientes tive até hoje que me mostraram diferentes faces do verdadeiro problema: eles não sabiam quais eram seus sonhos.

Quando a gente não sabe quais são os nossos sonhos, a gente não faz nada para realizá-los. A gente vai sendo levado pela vida, sem direção. Ou, pior ainda, na direção que outras pessoas escolheram para a gente e a gente, por inércia, aceitou.

Mesmo quando a gente sabe quais são os nossos sonhos, a gente muitas vezes nunca parou para refletir sobre qual é o preço que estamos pagando, hoje, por não estar correndo atrás deles.

E, mais importante, qual é o preço que vamos pagar, se chegarmos no final da vida e não tivermos nem sequer tentado realizá-los.

Quando faço essas perguntas aos meus clientes, muitas vezes escuto que o preço por não realizar seus sonhos é a tristeza, depressão, fracasso, baixa autoestima, e, no exercício de pensar no hipotético leito de morte, a sensação de ter jogado a vida fora.

Antigamente eu tinha um sonho: viajar o mundo. Mas, na época, embora eu tivesse dinheiro, eu não conseguia viajar quase nunca porque trabalhava como advogada, raramente tinha tempo livre.

Até que, depois da minha demissão me vi, de uma hora para a outra, desempregada e sozinha com um filho de três anos para sustentar. E, para complicar ainda mais, resolvi aproveitar o empurrãozinho do universo para abandonar de vez minha carreira como advogada.

Eu poderia ter pensado: agora é que não vai dar mesmo para viajar o mundo, porque "para viajar eu preciso de muito dinheiro".

Na minha cabeça, como estava abandonando uma carreira em que eu fazia muito dinheiro para viver de escrever, e como "não se ganha dinheiro escrevendo no Brasil", eu tinha certeza de que seria pobre para sempre. Pobre, mas feliz.

De lá pra cá, eu estive em Nova York, Londres, Paris, Amsterdã, Bélgica, Frankfurt, Berlim, Heidelberg, Santorini, Ios, Mikonos, Roma, Florença, Arezzo, Perugia, Pisa, San Gimignano, Siena, Veneza, Verona, Ibiza, Formentera, Deserto do Saara, Chapada Diamantina, Fernando de Noronha, Amazônia, Arizona, Portland, Los Angeles, San Francisco, San Diego, Lisboa, Porto, Santiago de Compostela, Índia, México e tantos outros lugares que eu não conseguiria lembrar.

E não se engane, não falo isso para "tirar onda": no começo da minha "nova" carreira, algumas dessas viagens só foram possíveis por circunstâncias *especiais*. Desde eu ter me hospedado no Brooklyn na casa de uma artista plástica que conheci e hospedei na minha casa no Rio por conta de um olá que dei pela janela, passando por dormir na casa de ~estranhos~ fazendo *couchsurfing**, até ir para o Saara e Amazônia a trabalho, não só não pagando nada, mas também sendo paga.

Circunstâncias que eu acharia impossíveis na minha vida passada.

Então, te proponho hoje uma coisa que talvez você não faça há tempos: sonhar. Pegue uma folha de papel e liste pelo menos dez sonhos seus, dos mais simples aos mais malucos e "impossíveis".

Não se limite por crenças negativas.

Se permita sonhar, e em seguida entregue o "como" ao universo.

---

* Quando você "surfa" no sofá de um estranho, tudo combinado pelo site www.couchsurfing.com.

NANANINANÃO

Você lê em vários livros de autoajuda ou frases motivacionais por aí que você precisa seguir a sua intuição.

Aí você começa a seguir a sua intuição, como manda o figurino. Conhece aquela pessoa incrível no aplicativo, marca um encontro porque a voz da sua intuição diz que "você precisa se arriscar mais".

Depois do encontro – que corre bem –, você fica na dúvida se deve ou não mandar uma mensagem para a pessoa. Será que ela não vai achar você muito "fácil"? Bem, a voz da sua intuição diz que não, que você 'precisa confiar mais nas pessoas'. E você manda a mensagem.

Alguns segundos depois, lá estão os cavaleiros do Apocalipse do mundo moderno: os dois tracinhos azuis do WhatsApp. Visualizou e não respondeu.

Você espera alguns segundos, que viram minutos, e depois horas, até que o dia acaba e o silêncio absoluto reina.

Nesse período, você passa por todas as emoções possíveis, desde a surpresa até a raiva, passando pela descrença, frustração, ressentimento, rejeição, humilhação, mágoa, irritação, tristeza, solidão.

E aí, claro, você fica muito p... da vida com a sua intuição. Como assim ela mandou-o conhecer essa pessoa e, ainda por cima, se humilhar mandando uma mensagem que nem respondida foi?

Às vezes, sua intuição vai te levar pra uma situação que faz surgir o seu "pior": medo, agressão, violência, impaciência.

Acredite: estes, também, são aspectos de Deus, da divindade. Não que o divino seja dual: não é. Mas no mundo da forma – aqui onde a gente vive – ele precisa expressar a dualidade, positivo e negativo. Quando você sentir raiva, simplesmente se permita sentir raiva. Mas, não pense que você é a raiva, porque você não é. Entregue.

Desde que você continue sendo você, pode expressar e sentir qualquer emoção "negativa" sem se identificar com ela, e ela será uma expressão da divindade também.

Soque uma almofada, ouça um roque pesado, saia correndo pela praia, cante "Love of My Life" do Queen, bem alto, pinte um quadro, asse um bolo de chocolate (que provavelmente vai solar).

Aceite, acolha e integre o seu 'pior', para que ele possa ser entregue e transmutado em energia criativa, energia divina. Acredite, desde o seu grito no banheiro até seu bolo solado de chocolate são expressões do divino.

E é para isso que serve a sua intuição.

PODE PARECER INCRÍVEL, MAS A SUA INTUIÇÃO NÃO VAI TE DAR AQUILO QUE VOCÊ QUER, MAS SIM AQUILO QUE VOCÊ PRECISA PARA SER A MELHOR EXPRESSÃO DA DIVINDADE.

III

CORAGEM

Medo. Dúvidas sobre sua capacidade. Procrastinação. Vícios. Distrações. Timidez. Ego. Se odiar. Perfeccionismo, *<insira aqui sua desculpa do momento>*.

Tudo disfarces dela: a Resistência.

Aquela força que aparece na intensidade diretamente proporcional à importância da mudança que você deseja fazer na sua vida.

Pois eu digo: resista à resistência!

Mesmo em meio aos momentos de maior medo e dor da sua vida, sempre existe um lugar dentro de você que entende, que sabe que você está bem.

Por exemplo, em velórios, não é incomum você ver pessoas começarem a rir de algo trivial, do nada, inclusive entre lágrimas. Algo dentro delas sabe que tudo está bem.

Porque tudo sempre está bem.

Todos nós temos este lugar. E conectar com ele também é espiritualidade.

Se você está sentindo medo neste momento, olhe para dentro e busque a sua paz. É dela que vai brotar a sua coragem.*

* Acesse www.budadancandonumaboate.com.br e baixe materiais incríveis para complementar a sua jornada de coragem.

FEITO É MELHOR QUE PERFEITO

O impossível é feito pela
soma de pequenos possíveis.
EU MESMA

Se tem alguma coisa na sua vida que está empacada porque você se considera perfeccionista e está paralisado, chegou a hora de desempacar.

E a melhor forma de eu ajudar com isso é mostrar que o perfeccionismo que paralisa você é uma mentira. Deixe-me explicar por quê.

Só é possível atingir a perfeição (isso quando ela é possível) de um jeito: aperfeiçoando algo que já foi... feito!

Você pode ter o melhor plano do mundo que, quando você o colocar em prática, é batata: imprevistos acontecem, pessoas deixam você na mão, o tempo muda, a companhia aérea perde a sua mala. Como diz o ditado, nenhum plano sobrevive ao campo de batalha.

Mas se a perfeição só é possível quando a gente se coloca em movimento, o que exatamente paralisa você que se considera perfeccionista?

O grande vilão na vida do perfeccionista é o pensamento de que você "ainda não está pronto". É aquela sensação permanente de que ainda falta aprender alguma coisa, ler mais um livro, fazer mais uma certificação, fazer uma pós-graduação, um último treinamento. É a certeza de que, se você começar agora, não estando pronto, vai dar tudo errado.

Vou tranquilizar você contando um segredo: você nunca estará pronto. Você não estava pronto quando nasceu: você não tinha dentes, não sabia falar, seu cérebro ainda não estava 100% desenvolvido, assim como uma série de órgãos e funções no seu corpo.

Você só nasceu porque simplesmente não tinha mais espaço dentro da barriga da sua mãe para você continuar se desenvolvendo.

Do mesmo jeito, vai ter um monte de coisas na sua vida que você vai ter que se dar permissão para fazer, mesmo se não estiver pronto, simplesmente porque chegou a hora. Porque o lugar confortável e quentinho onde você está agora se tornou pequeno e você precisa continuar se desenvolvendo.

Ou porque, para você ter aquela coisa que você deseja muito, é indispensável você seguir em frente, mesmo que não se sinta totalmente preparado. Em 2008, recebi uma ligação do Fórum no meio da tarde. Eu estava no meio do processo de adoção e a assistente social me ligou para saber se eu queria conhecer um bebê de menos de um mês de vida. Eu tinha sido habilitada para adotar apenas 15 dias antes e, na ocasião, a mesma assistente social tinha me avisado que demoraria cerca de dois anos e meio para eles me ligarem. Só que não.

Eu definitivamente não estava preparada para adotar um bebê de 20 dias. Mas eu queria muito adotar meu filho.

Então, eu peguei um táxi e fui para o Fórum, apesar de temer que eu ainda não estivesse pronta.

Aparentemente, minha falta de preparo com bebês recém-nascidos não foi fatal, porque meu filho sobreviveu (tudo bem que ele ficou uma semana inteira sem cortar as unhas dos pés porque... eu não sabia que tinha que cortar!).

O autor Paul Arden diz que "a pessoa que não comete erros provavelmente nunca vai fazer nada".

Coloque-se em movimento, erre, aperfeiçoe, erre um pouco mais, e aperfeiçoe até ficar feliz com o resultado.

Depois ensaboe, enxague e repita.

QUEM TEM MEDO DO LOBO BOM?

Medo é o quarto mais pobre da casa.
Eu gostaria de ver você vivendo
em condições melhores.
HAFIZ

Quantas vezes você já deixou de fazer algo que era muito importante para você?

Você sabia que, em muitas dessas vezes, pode ser que você tenha deixado de agir não por medo de fracassar, mas exatamente pelo temor de dar certo?

A autora Marianne Williamson diz que nosso maior medo é descobrir que somos poderosos, além do que podemos imaginar.

Mas, por que temos medo do nosso sucesso?

Muita gente associa o sucesso à inveja e à perda de amigos e pessoas próximas, que se sentiriam diminuídos. Outras têm a crença de que felicidade, dinheiro e sucesso atraem tragédias e coisas negativas, ou de que "não se pode ter tudo nessa vida" (e elas preferem então ter um bom relacionamento ou uma família bacana, por exemplo, em vez de sucesso profissional ou financeiro).

No Brasil, por conta de toda a nossa história, também é muito comum a gente acreditar que para ser bem-sucedido tem que ser corrupto, desonesto ou antiético.

Quando temos esse tipo de crenças, a gente se autossabota das mais diferentes formas. Imagina se alguém que acredita que toda pessoa bem-sucedida é desonesta vai querer ter sucesso? Claro que não!

Meus clientes que têm medo de inveja, por exemplo, quando ganham um dinheiro inesperado no trabalho (uma promoção, um bônus de fim de ano), batem com o carro ou levam uma multa inesperada, ou gastam tudo em supérfluos (o 57º par de sapatos!), e depois se sentem culpados.

Ou seja, dão um jeito, consciente ou inconscientemente, de se livrar do dinheiro para não serem invejados.

Alguns, que acreditam que não se pode ter tudo, quando ganham dinheiro, dão um jeito de arrumar uma briga com o marido (assim, o relacionamento piora e volta a existir o desequilíbrio que eles acreditam ser necessário). E outros ficam até doentes!

Normalmente, essas crenças aparecem desde a infância, a partir de situações que a gente vive ou observa nossos pais e parentes viverem. E, ainda, algumas dessas histórias são geracionais.

Por exemplo, as pessoas que cresceram nos anos 80 viveram um período de forte instabilidade econômica no Brasil, em que havia uma inflação incontrolável, racionamento de carne e outras comidas nos supermercados, e insegurança generalizada.

É muito comum que essas pessoas sejam conectadas com a escassez até hoje, acreditando em coisas como "não vai ter para todo mundo" (porque na infância delas não tinha mesmo!), ou que para uma pessoa ser bem-sucedida é preciso que outra esteja perdendo, já que não tem para todo mundo.

Para acabar com a autossabotagem, você precisa fazer um detox de dinheiro completo: identificar quais são todas as suas historinhas, condicionamentos, crenças e bloqueios com relação a dinheiro, poder e sucesso.

A autora Byron Katie diz que a causa de todo sofrimento é um pensamento não questionado. Então, para cada uma das crenças que você identificar, se pergunte: isso é mesmo verdade?

Comece a questionar todos estes acordos invisíveis que você fez inconscientemente no seu passado e que estão, hoje, fazendo com que você tenha medo do sucesso e impedindo você de ser tudo o que pode ser.

ESCOLHA DIZER SIM PARA VOCÊ

A autora Marianne Williamson diz algo em que eu acredito cegamente: como tudo na natureza, somos programados para crescer e nos tornar nós mesmos, mas a grande diferença entre o homem e o resto da natureza é que nós podemos dizer não.

Pá!

Uma semente de laranjeira vai virar uma laranjeira e dela vão nascer laranjinhas bebês.

Do ovo vai nascer o pintinho que vai virar uma galinha que vai botar outro ovo de onde vai nascer outro pintinho.

A água que evapora vai virar nuvem e vai se precipitar e virar chuva numa bela tarde do nosso outono.

Mas, você.

Você nasceu para crescer e se tornar você, com tudo o que isso representa. Você nasceu para ser o seu melhor, para ser o que você mais quer ser dentro do seu coração. Para contribuir com os seus talentos, dons e habilidades na cocriação de uma sociedade e um mundo melhor. Você nasceu para ser feliz.

Mas, por algum motivo, você *pode* dizer não.

A semente não pode decidir que não quer virar árvore.

A laranja não pode resolver ser uma manga.

O pinto não pode resolver fingir que é um javali.

A água que evapora nunca vira lava de vulcão, ela vira chuva. Sempre chuva.

Por algum motivo, o universo deu a você o poder de escolher acreditar em qualquer coisa que você quiser. Com isso, você consegue criar significado para as histórias da sua infância. Você escolhe a interpretação que dá para cada coisa que ouviu dos outros na sua vida. E, muitas vezes, você escolhe acreditar em crenças limitantes.

Você pode ter medo de ser você. Pode achar que já está velho demais para ser você. Pode acreditar que, se for você, ninguém vai gostar de quem você é. Você pode adiar e dizer que ano que vem você vai ser você. Ou na segunda-feira. Que quando se aposentar, ah, aí sim você vai finalmente ser você!

Você pode achar que não tem tempo nem dinheiro para ser você. Ou que ser você não é bom o bastante (e então você tenta ser mais parecido com a sua melhor amiga, ou aquela atriz famosa). Que não pode ser você por causa dos seus pais, ou dos seus filhos. Você pode escolher acreditar que é ~impossível~ ser você!

E nessa que é – até onde sabemos, pelo menos – a sua única vida, pode ser que você nunca deixe de ser semente, nunca quebre a casca do seu ovo, nunca evapore e precipite.

Pode ser que você nunca venha a ser você!

E quando você se der conta, vai perceber que passou a vida inteira tentando preencher o vazio de não ser você com dinheiro, poder, carros novos, apartamentos, roupas caras, relacionamentos, filhos ou qualquer outra coisa que tenha escolhido acreditar que preencheria o vazio de não ser você.

Independente de quais sejam, você pode a qualquer momento usar o poder que o universo lhe deu e escolher acreditar em novos pensamentos, tomar novas decisões e atitudes que vão levar você a ser quem você nasceu para ser.

Talvez seja muito complicado mudar radicalmente a sua vida, ou talvez esse seja só mais um pensamento em que você está escolhendo acreditar. Mas, com certeza, você pode dar hoje um primeiro passo, ainda que pequeno.

Qual vai ser ele?

COM QUE PENSAMENTOS, DECISÕES E ATITUDES VOCÊ TEM DITO NÃO AO SEU PROPÓSITO DE VIDA?

O QUE O MEDO E O AÇÚCAR TÊM EM COMUM?

A nutricionista americana J.J. Virgin escreveu um livro chamado *The Sugar Impact Diet* (*A dieta do impacto do açúcar*, numa tradução livre), em que ela mostra por que hoje o açúcar é o principal inimigo da saúde pública nos Estados Unidos.

Isso porque o consumo reiterado do açúcar refinado causa uma série de doenças e, mesmo sabendo disso, as pessoas não conseguem parar de consumir. Em testes de laboratório feitos com ratos, constatou-se que o açúcar causou nos animais um vício mais forte até mesmo do que a cocaína.

Mas, o mais perigoso sobre o açúcar, segundo J.J. Virgin, é que ele está escondido em vários lugares. É claro que temos noção de que estamos consumindo açúcar quando comemos uma bomba de chocolate. Mas, será que nos damos conta de que aquele salgadinho que damos para o nosso filho, apesar de salgado, contém açúcar? Que o tomate seco contém açúcar? Que o minimilho em conserva contém açúcar?

A J.J. Virgin chama isso de *sneaky sugars*, e eu chamo de "açúcares safadinhos". Os açúcares que você come sem ter a menor noção de que está comendo.

Mas o que isso tem a ver com o medo?

O livro *Um curso em milagres* diz que "eu nunca estou chateado pelo motivo que eu penso". Às vezes, você está *chateado* porque alguém brigou com você, o chefe deu uma bronca, o namorado não respondeu a sua mensagem, o filho deu ataque no chão do supermercado, a amiga não convidou para a festa de aniversário.

Você acredita que está frustrado, ou decepcionado, ou traído, ou humilhado, ou envergonhado, ou excluído, ou qualquer outra emoção. E provavelmente você acredita que foi uma outra pessoa que causou isso.

Acontece que, assim como os açúcares safadinhos, o medo se disfarça de várias formas na nossa vida e a gente não percebe.

"Mas eu não estou com medo, eu estou com vontade de dar um soco na cara da Fulana!"

Acredite, é um medo disfarçado.

O monge Thich Nhat Hanh diz que quando você acha que outra pessoa causou uma emoção em você (irritação, ódio, frustração, decepção, ressentimento, mágoa), na verdade essa emoção já estava em você na forma de semente. Essa outra pessoa apenas regou essa semente e ela cresceu.

E o fato de ela crescer é bom! Pode parecer doido eu dizer isso, mas pensa comigo: você já carregava essa emoção reprimida dentro de você. Agora essa pessoa surgiu na sua vida para lhe dar a oportunidade de curar essa emoção e se desenvolver pessoal e espiritualmente. De certa forma, essa pessoa é uma aliada na sua jornada espiritual!

"Meu namorado me magoou." Não, é você que está com medo. Pode ser medo de perder o namorado, de ficar sozinha, que ninguém goste de você, de que você não é boa o bastante, que nunca ninguém vai amar você.

E isso não foi causado pelo namorado. Já estava lá, dentro de você, e esta é a oportunidade de curar.

A autora Byron Katie diz que a defesa é o primeiro ato de guerra: se você reagir, começa o sofrimento na sua vida. Você se desviou para o caminho do medo.

Mas, se você se sentir aberto a tentar um novo caminho diferente ao da guerra, se permita sentir essa emoção que é sua. Não resista a ela, nem a rejeite. Ao mesmo tempo, não se identifique com ela, nem se apegue. Apenas sinta, perceba onde ela se manifesta no seu corpo, coloque sua atenção nela, e perceba como ela vai se dissipando enquanto você respira.

Escolha o caminho do amor.

PARE DE APRENDER NOVAS COISAS

Certa vez, dei uma sessão de *coaching* para um cliente americano, vice-presidente na maior empresa de consultoria do mundo, onde ele trabalhou por 28 anos e de onde estava se aposentando para começar seu próprio negócio.

"No nosso último encontro, trocamos ideia por apenas 12 segundos. Mas, ali, você me fez uma pergunta que mudou a minha vida", foi a explicação dele para ter me escolhido como *Coach*, dentre mais de uma dezena de *Coache*s incríveis do mundo todo que tinham se oferecido para trabalhar com ele.

Corta para janeiro (nosso encontro anterior). Eu tinha acabado de conhecê-lo e ele estava me contando que estava esperando uma decisão da empresa de consultoria para começar três novos projetos que tinha em mente, e que eram a sua missão de vida.

Tudo que fiz foi perguntar: "mas porque você escolheu colocar uma decisão tão importante assim nas mãos de outra pessoa?".

Esta pergunta o fez tomar a decisão que estava há meses enrolando para tomar, talvez anos, agilizando a sua aposentadoria e dando o primeiro passo em direção à vida nova que ele queria construir.

Até nossa sessão juntos, em que ele me contou o desenrolar depois da nossa interação meses antes, eu não fazia a menor ideia da repercussão daqueles nossos doze segundos de conversa informal.

Tempos depois, passei alguns dias no Arizona em um encontro com meu Mentor. Muita gente que acompanhou a viagem e o encontro pelas minhas histórias no Instagram (@escolhasuavida) me mandou mensagem perguntando qual foi a coisa mais importante que eu aprendi na viagem.

Na verdade, amigos próximos, clientes brasileiros e até meu marido fizeram a mesma pergunta...

E eu tive que desapontar todo mundo.

Porque, depois de mais de quinhentas horas de treinamento presencial com este mesmo Mentor, eu não viajo mais aos Estados Unidos para aprender qual é última ferramenta de marketing, ou a nova estratégia, ou a nova campanha.

E veja, eu amo aprender. De verdade. Conheço poucas pessoas tão viciadas em ler, ver vídeos e fazer todo tipo de curso como eu.

Mas nada disso adianta, se você não colocar em prática nada daquilo que você estuda e aprende. Se você não aplicar.

A minha maior lição dos três dias que passei no Arizona com meu Mentor foi que eu já sei absolutamente tudo que preciso, e basta entrar em ação.

E, apesar de não nos conhecermos pessoalmente, desconfio que com você também seja assim.

Talvez tenha alguma coisa na sua vida que você quer fazer e que você está adiando até ler o próximo livro, ou fazer o próximo curso, ou se especializar na próxima teoria. Fazer uma especialização, um mestrado ou um doutorado. Quem sabe, até mesmo um curso no exterior, ou uma certificação a mais.

Você está procrastinando e inventando desculpas para si mesmo. Seu ego está criando obstáculos inexistentes para que você dê o próximo passo na direção daquilo que é importante para a sua alma, da sua missão de vida.

Se você soubesse todos os milagres que você causou, todas as transformações que você já inspirou, quantas pessoas você impactou sem ter a menor ideia disso – assim como aconteceu comigo e este meu cliente –, tenho certeza de que você entraria em ação.

As coisas pareceriam menos ~impossíveis~. E, ainda que parecessem complicadas, você saberia que vale a pena, porque tem muitos milagres esperando você se mexer para acontecerem.

Não deixe que o remédio que você tem para a dor de alguém pereça porque você ainda não tem uma equipe para te ajudar, ou fez o curso *x* ou aprendeu a mexer na tecnologia *y* ou conseguiu dinheiro para comprar o equipamento *z*.

Defina hoje qual é o primeiro pequeno passo que você pode dar ainda essa semana. E escolha se colocar em movimento.

OS HOMENS DA CAVERNA E O MEDO

Certa vez assisti com meu filho a um filme sobre uma família de homens da caverna, que por um bom tempo conseguiu sobreviver a várias agruras e intempéries da pré-história porque tinha medo. Principalmente, medo do novo.

Enquanto muitas outras famílias pereceram diante de doenças, ataques de animais pré-históricos ferozes, comidas venenosas, os medrosos ficaram lá, firmes e fortes, porque toda noite se escondiam dentro de sua caverna e ficavam lá quietinhos.

Até que, de repente, o mundo em que vivem começa a mudar – placas tectônicas se destacando e aquela coisa toda – e eles se veem diante de uma situação em que se esconder dentro da caverna já não é mais a solução para todos os problemas.

O filme é meio chato – já vou logo dizendo, para que você não saia desse texto empolgado para assistir (e, se assistir, não diga que eu não avisei).

Mas ele fala de duas coisas muito importantes sobre as quais eu sempre escrevo.

A primeira, claro, é o medo.

O medo foi um dos cinco maiores obstáculos apontados quando fiz uma pesquisa sobre o que estava impedindo meus leitores de seguir seus sonhos, e acabou virando um capítulo inteiro do meu livro *Escolha sua vida*.

Nele, eu falo justamente dos homens da caverna e de como o medo foi, em um momento muito distante, algo essencial para a sobrevivência do ser humano – e, por isso mesmo, está tão enraizado na gente. A família do filme retrata bem isso: os perigos eram tantos que não dava para ficar dando bobeira por aí, não.

O medo faz parte da nossa natureza desde os tempos das cavernas e ele não vai embora tão cedo. Mas não somos mais homens das cavernas.

Tenho um amigo muito querido que fala: "quando estou me *cagando* de medo, boto a fralda e vou!".

A outra mensagem importante no filme é que a gente não pode viver o hoje baseado nas nossas crenças de ontem.

A uma certa altura, as táticas de sobrevivência daquela família simplesmente deixaram de ser eficazes. Na nossa vida, isso acontece todos os dias. O que você aprendeu na escola – que não é muito legal levantar a mão e fazer uma pergunta ~boba~ porque você vai ser ridicularizado pelos coleguinhas – não ajuda muito numa dinâmica de grupo em entrevista de emprego.

O mundo muda – o nosso, aliás, muda muito mais rápido que o da família pré-histórica do filme –, a vida muda, e a gente tem que deixar o medo e as crenças de lado e tentar novas coisas, novas táticas, novas ideias, novas soluções para novos "problemas".

Nunca deixe de seguir o seu sonho por medo ou porque você acredita – baseado em experiências passadas – que ele é "impossível".

CORAGEM NÃO É AUSÊNCIA DE MEDO, MAS SIM IR EM FRENTE MESMO QUE VOCÊ ESTEJA COM MEDO.

Não vai ser fácil e posso garantir é que, em algum momento, você vai pensar em desistir.

Posso garantir, também, que alguns familiares e amigos vão te achar estranho ou maluco, e te ridicularizar.

Garanto que você vai dormir chorando algumas noites e vai se perguntar se fez uma grande cagada.

Mas não deixe de acreditar em você.

Só porque tem um monte de pessoas prontas para te desencorajar e dizer que você não vai conseguir, não significa que você tem que se juntar a elas na mediocridade – pelo contrário!

Vá em frente e cale a boca de todo esse povo mostrando que você pode, sim, fazer coisas incríveis e "impossíveis".

Acredite em você. Escolha começar. Agora mesmo.

O QUE VOCÊ PODE APRENDER COM MICHELANGELO

Em 1508, por conta do seu formato arredondado e da ação do tempo, o teto da Capela Sistina estava em más condições. Rachaduras cruzavam a construção e ruíam pouco a pouco a pintura da época: um céu azul estrelado.

Quando o papa Júlio II convidou Michelangelo a restaurar o teto da Capela Sistina, o artista recusou o trabalho por quatro vezes. Seu principal argumento era de que ele era um arquiteto e escultor, e não pintor.

Mas, para restaurar aquele teto não bastava um pintor. Era necessário alguém que entendesse de arquitetura e restauração.

Depois de bastante insistência, Michelangelo acabou aceitando o trabalho, que duraria quatro longos anos. O primeiro painel que ele pintou mostra o grande dilúvio, em riqueza de personagens e detalhes.

Somente depois de ter pintado este e mais alguns painéis, Michelangelo se deu conta de que tinha cometido um erro gravíssimo. A metros e mais metros de altura, todos aqueles detalhes miúdos que ele cuidadosamente tinha incluído nas pinturas, mal eram visíveis e não tinham a menor importância.

Ele, que não se considerava pintor, não tinha percebido que os grandes pintores de afrescos da época faziam desenhos bem maiores.

Se você observar todos os painéis da Capela Sistina (dá um Google!), vai ver claramente que Michelangelo foi pegando o jeitinho da pintura de afrescos ao longo do trabalho: a partir do painel do grande dilúvio em diante as imagens vão ficando cada vez maiores e os painéis têm cada vez menos detalhes.

Hoje, a Capela Sistina é uma das maiores e mais conhecidas obras de arte no mundo, visitada diariamente por cerca de trinta mil pessoas. E Michelangelo é um dos mais famosos e celebrados artistas de todos os tempos.

Mas, no caso da Capela Sistina, Michelangelo aprendeu fazendo. Cometendo erros. ~Fracassando~.

Clarissa Pinkola Estés escreveu que "o fracasso é um mestre mais eficaz do que o sucesso".

Ou, como se diz aqui no país do futebol: treino é treino, jogo é jogo.

Existem momentos na vida em que a gente não pode e não deve ficar esperando as condições perfeitas para fazer o que o nosso coração sabe que precisa fazer.

Errar é bom. Se permita.

O MEDO É UMA VIAGEM NO TEMPO

Se existe qualquer coisa que você teme na sua vida hoje, eu posso afirmar algo com 100% de certeza: você está viajando no tempo.

O medo, todo tipo de medo, só existe quando a gente se desconecta do momento presente. Algumas vezes, a gente viaja para o passado. Nestes casos, o medo é baseado em alguma experiência passada que você está revendo e revivendo de novo e de novo, às vezes por anos, ou até mesmo décadas da sua vida (e se você acredita em reencarnação, talvez até mesmo por várias vidas!).

Por exemplo, se você no passado já tentou empreender e não deu certo, é possível que hoje você tenha medo de tentar de novo, mesmo estando infeliz no seu trabalho ou carreira.

Se você já sofreu em um relacionamento tóxico, abusivo, ou que terminou mal (quem nunca?), é possível que você tenha medo de se envolver novamente, mesmo que seja com uma pessoa totalmente nova (e potencialmente ótima!).

Você está revivendo aquelas experiências do passado. E isso está gerando medo.

Outras vezes, a gente viaja para o futuro. Nestes casos, o medo é baseado em um evento que ainda nem aconteceu – e que talvez nunca aconteça.

Pode ser que você nunca tenha tentado empreender no passado, mas ainda assim morra de medo de fazer isso agora porque, na sua imaginação de um hipotético futuro, talvez vá dar tudo errado, você vá falir, e ficar na rua da amargura.

Ou porque sua família sempre falou que você precisa de estabilidade, e você fica só imaginando o que pode acontecer caso a sua empresa vá mal.

Se a sua mãe, sua avó, ou suas amigas vivem dizendo que homem nenhum presta, que todo homem é canalha, pode ser que você tenha medo de se envolver com alguém e ser traído, mesmo que isso nunca tenha acontecido no passado. Você está pegando emprestado as crenças e o medo alheio!

Em casos como estes, o seu medo existe porque coisas ruins estão acontecendo em um futuro hipotético (que só existe dentro da sua cabecinha!).

Agora imagina como é que uma pessoa empreende ou começa um relacionamento – ou faz qualquer outra coisa – se ela estiver viajando no tempo e experimentando medos, sejam eles baseados no passado ou no futuro?

Como ela pensa? Como ela se comporta? Quais são as atitudes dela? Como ela fala, como se comunica?

É muito provável que ela vá de fato criar essa situação que ela tanto teme. A psicologia chama isso de profecia autorrealizável.

Lembre que o momento presente é sempre perfeito. Se você conseguir ficar conectado com o Agora, o medo não existe.

O medo é uma viagem no tempo.

Jogue sua âncora no Agora.

E aproveite a paz interior.

E SE O MEDO E A DOR NÃO EXISTISSEM?

Todos nós temos sonhos e ambições guardados e esquecidos em uma gaveta lá no fundo da nossa alma, contaminados pelo medo e pela dor.

Aquela paixão por arte que você não seguiu porque "não se vive de arte no Brasil". Aquele amor profundo por alguém que a sua família ou os seus amigos achavam que "não era bom partido".

Mas, e se a sua reação à dor e o seu medo forem como você aprendeu com seus pais, seus irmãos, seus amigos, a sociedade, os filmes, as novelas, os livros?

E se você tiver se esquecido de se perguntar se está mesmo sentindo dor e medo, antes de varrer seus sonhos para baixo do tapete?

E, mais importante, como seria a sua vida se a dor e o medo não existissem?

O escritor Albert Espinosa, que lutou contra o câncer dos 14 aos 24 anos e perdeu uma perna, um pulmão, parte do fígado e da mobilidade até conseguir se curar, escreveu o seguinte:

"(...) compreendi que dor é uma palavra que não tem nenhum valor prático; igual ao medo. São palavras que assustam, que provocam dor e medo. Mas, na realidade, quando não existe a palavra, não existe a essência do que querem significar".

E se a dor não existisse como palavra, como conceito? Em cada situação, nós seríamos obrigados a parar, refletir, e averiguar o que sentíamos, independente de rótulos.

E fazer isso, como observou Espinosa, não seria uma tentativa de fugirmos da dor, de tentar ver a vida com lentes cor-de-rosa ou viver como uma Pollyanna.

Pelo contrário, seria uma corajosa atitude de provar a nossa dor, vivê-la, e decidir por nós mesmos o que é que estamos verdadeiramente sentindo.

Eis alguns passos inspirados no autor para você descobrir o que é que está sentindo, da próxima vez que achar que está com medo ou dor:

1 De olhos fechados, permita-se por alguns instantes sentir a sua “dor” ou “medo”; fique com a sensação por pelo menos um minuto;
2 Busque pelo menos três palavras que possam definir o que você está sentindo sempre que achar que está com “dor” ou “medo”. Nenhuma delas pode ser “dor” ou “medo”;
3 Quando tiver a sua lista de pelo menos três palavras, escolha a que melhor define o que você está sentindo no seu corpo: essa é a sua dor ou o seu medo. Essa é a palavra que define o que você sente;
4 Troque a palavra “dor” ou “medo” pela sua nova palavra. Deixe de sentir dor ou medo e passe a sentir com toda força o novo sentimento que você descobriu. Mais uma vez, permita-se ficar com a sensação por alguns instantes.

Pode parecer complicado para uns, simplista demais para outros, mas proponho que você tente. Como diz Espinosa, a dor física, a dor do coração, na verdade escondem outras sensações, outros sentimentos.

Descubra quais são os seus. Porque eles são superáveis.

A SUA VERDADE

Na superfície, estão todos os seus medos. O medo da escassez. Medo de faltar. Medo de fazer menos dinheiro. Ou de não fazer dinheiro nenhum. Medo de que os outros não vão te entender ou apoiar. Medo de que ninguém vá gostar de você, ou do que você faz. Medo das críticas. Medo de ficar sozinho. Medo de não dar conta. De não ter tempo.

Estes e tantos outros são os medos que o paralisam, que fazem com que você procrastine as coisas, tarefas, conversas e decisões que você sabe que são importantes para você.

A voz desses medos é inconfundível: alta, clara, estridente, e se comunica com você com frases como "isso é impossível!", "claro que isso vai dar errado!", ou "ninguém vai acreditar em você".

Você não tem a menor dificuldade de ouvir, identificar, entender e seguir as mensagens da voz dos seus medos.

Já nas profundezas do seu Ser, pulsa suave e constantemente a voz do seu coração. E ela diz que está tudo sempre bem dentro de você, independente das turbulências que possam estar acontecendo do lado de fora.

O problema é que, na correria e no barulho do dia a dia, você não consegue ouvir, identificar, entender ou seguir esta voz. Porque, diferente da voz dos seus medos, a voz do seu coração é suave, sutil.

Além disso, ela nem sempre se comunica usando frases ou palavras: muitas vezes ela fala com você por imagens, sensações no seu corpo, emoções, inspirações. E nada disso é muito óbvio. Se você não estiver atento, prestando atenção, é muito provável que você nem note a mensagem.

Mas, mesmo quando você consegue estar atento e receber a mensagem que o seu coração tem para você, na maioria das vezes essa mensagem parece muito menos verdade do que a voz dos seus medos.

Quando você tem um grande sonho ou projeto nas mãos, e a voz dos seus medos diz que 'isso é impossível' ou que você 'não vai conseguir', é fácil acreditar nestas mensagens, porque muito provavelmente as pessoas em volta de você, os livros, os professores, seus pais ou seus amigos estão falando a mesma coisa.

Já o seu coração, lhe enviando imagens de você conseguindo realizar este sonho ou projeto, lhe enviando a sensação que você vai sentir quando conseguir, e dizendo bem baixinho para você ficar tranquilo que 'vai dar tudo certo' e 'vai ficar tudo bem', oras, é muito mais difícil acreditar. Parece, isso sim, que o seu coração enlouqueceu.

Tudo o que você precisa fazer é confiar que esta voz, mais serena, que diz coisas que talvez ninguém no mundo lá fora esteja lhe dizendo, bem, essa voz do seu coração é a sua Verdade.

IV

PRESENÇA

(...) a transformação começa
com a aceitação radical do que é.
DANIELLE LAPORTE

Por quinze anos, trabalhei e vivi em um ambiente fechado, onde tudo era muito corrido, o ritmo frenético de todas as coisas fazia parte inseparável dos meus dias. Eu sonhava com listas de pendências, ia dormir nervosa com o que tinha pra fazer no dia seguinte e acordava ansiosa.

Quando me perguntam qual foi a maior mudança que aconteceu na minha vida desde que abandonei minha carreira, noto que esperam que eu fale de padrão de vida, de dinheiro, de não ter mais carro ou televisão, de trabalhar com o que eu amo, de estar a serviço do mundo.

Mas nenhuma dessas foi a maior mudança na minha vida. Curiosamente, a grande mudança foi algo bastante sutil, mas que transformou toda a minha existência.

O autor Mark Manson diz que "o desejo por mais experiências positivas é em si mesmo uma experiência negativa. E, paradoxalmente, a aceitação da sua experiência negativa é em si mesma uma experiência positiva".

Há anos vivo da forma mais relaxada que já vivi. Sem pressa, sem fazer força para que nada aconteça antes do seu devido tempo, me entregando completamente nas mãos do universo. Vivendo o momento presente sem colocar minha felicidade em algum momento do futuro.

E, com isso, recebi a grande dádiva de finalmente poder aproveitar toda a beleza da existência

O mestre Zen Osho conta a seguinte história: "Certa vez, perguntaram a Ramakrishna: 'Onde está Deus?', e ele respondeu: 'Diga-me você onde ele não está. Tenho procurado um lugar em que ele não esteja, mas não encontro. Ainda não encontrei um lugar em que ele não esteja'."

Em vez de ativamente buscar Deus, ou a felicidade, ou o que quer que seja que você está buscando, que tal se permitir relaxar por um instante e perceber como tudo isso já está na sua vida, hoje, em absolutamente todo o lugar?

Feche os olhos, respire fundo, e perceba como o universo inteiro já está dentro de você.*

---

* Acesse www.budadancandonumaboate.com.br e baixe materiais incríveis para complementar a sua jornada de presença.

A MAIOR CAUSA DO SEU ESTRESSE É UMA ÚNICA PALAVRA

Talvez a sua maior bênção
seja não receber aquilo que deseja.
EU MESMA

O Brasil é o segundo país mais estressado do mundo. Mais de 70% da população regularmente experimentam sintomas físicos e psicológicos causados pelo estresse.

Tenho uma boa e uma má notícia para você. A boa é que muito provavelmente a maior causa do seu estresse está em uma única palavra. Ao eliminá-la do seu vocabulário e da sua vida, você vai se sentir cada vez mais tranquilo e em paz.

A má notícia é que eliminar essa palavra da sua vida é simples, mas não é fácil.

A vida é Deus em ação. Se você não acredita em Deus, chame de Universo, Cosmos, Amor, ou mesmo o Campo Unificado descoberto pela Física Quântica. Fato é que existe uma Inteligência Superior regendo tudo o que acontece a cada instante no mundo, Inteligência essa já reconhecida pela Ciência.

Esta Inteligência leva o mundo em uma única direção, que é a de evolução. E você, por incrível que pareça, faz parte do mundo e deste plano evolutivo do universo.

Acontece que, assim como quando colocamos um endereço no GPS do carro, na vida também enxergamos apenas um pedacinho do mapa da nossa jornada: os próximos 20 metros, mais ou menos.

Muitas vezes, a gente tem a nítida sensação de ter desviado da rota, pegado um caminho errado, ou mesmo de estar perdido. Esquecemos que o momento presente é sempre perfeito, e nos voltamos contra ele.

Rejeitamos ou resistimos à realidade, seja ela o nosso trabalho, nossos relacionamentos, nossa saúde, nossa situação financeira.

E aí usamos inadvertidamente a tal palavrinha que é a causa de todo o estresse: *deveria*.

Mas, pare um minuto e reflita sobre o seu passado: quantas vezes você passou por um problema, ou mesmo viveu uma grande tragédia e, meses, anos ou décadas depois, olhando para trás, você viu que aquilo foi importante para você e, muitas vezes, o melhor que poderia ter acontecido na sua vida?

Pode ter sido uma demissão, separação, divórcio, uma doença grave ou mesmo a morte de uma pessoa querida. Naquele momento, você pode ter se sentido sem chão, perdido, desamparado, frustrado ou com raiva do mundo.

Mas, depois de um tempo, o que aconteceu?

Você cresceu, foi forçado a descobrir talentos, desenvolver novas habilidades, abriu os olhos para possibili-

TODA VEZ QUE VOCÊ SE ESTRESSA, É PORQUE VOCÊ ACREDITA QUE O MUNDO NÃO ESTÁ FUNCIONANDO EXATAMENTE DO JEITINHO QUE VOCÊ GOSTARIA. DO JEITINHO QUE ~DEVERIA~.

dades que antes não enxergava, passou a ver o mundo de uma nova perspectiva... evoluiu!

(psiu, lembra que esse é o plano do universo?)

Aceite o momento presente, mesmo quando ele – momentaneamente – não for o que você acredita que *deveria* ser. E só use essa palavra de hoje em diante para lembrar que tudo está acontecendo exatamente como *deveria*, o tempo todo.

É HORA DE DESAPRENDER

Sempre que eu escrevo sobre seguir sua paixão, se conectar com a *vibe* correta do universo – que é de abundância – ou deixar que a sua intuição se torne seu Mestre, as pessoas me escrevem de volta perguntando do que elas precisam, ou o que precisam fazer.

Elas acreditam (e talvez você tenha acreditado também) que para se reconectar consigo mesmas elas precisam comprar velas, incensos, e colocar uma música instrumental com som de riacho e passarinhos. Ou que precisam criar rituais complexos ou rotinas matinais complicadas.

A verdade é que é tudo muito mais simples do que isso. O que não quer dizer que seja fácil.

Todo mundo pode se reconectar com a sua paixão, consigo mesmo, com sua intuição, e com o universo, sem exceção.

É errado acreditar que alguém tem que ser "escolhido", sensitivo, ou ter algum dom especial para ouvir essa voz interna que indica o melhor caminho e ser capaz de segui-la.

Somos todos feitos da mesma coisa, e somos igualmente talentosos e especiais.

Nosso Eu Superior está o tempo todo conectado com a Fonte de onde viemos (que você pode preferir chamar de Deus ou, como na Física Quântica, de 'campo unificado'; tanto faz).

Sendo essa conexão a coisa mais natural do mundo, o primeiro passo para isso é a *intenção*. Você precisa *desejar* aperfeiçoar essa conversa com a sua intuição, com seu Eu Superior. A intenção é sempre o começo de tudo o que vivenciamos.

Depois, tudo o que você precisa fazer para recuperar sua conexão com você mesmo é *desaprender* tudo o que tem afastado você dela. Remover todos os medos, dúvidas, ou tensões que possam estar bloqueando os seus olhos e ouvidos espirituais.

Você pode fazer isso pegando papel e caneta e se perguntando: "que medos, dúvidas ou tensões estão me causando sofrimento ou me estressando neste momento"? Faça a sua lista.

Em qualquer momento do processo, caso você se sinta perdido, declare ao universo que você precisa de ajuda com isso, e depois fique atento aos sinais: a ajuda será enviada.

Assim que você der esses dois primeiros passos, você naturalmente vai começar a perceber a voz da sua intuição com mais facilidade.

O próximo passo, então, será intensificar essa comunicação e deixar as mensagens cada vez mais claras, fazendo pequenas mudanças sutis na sua casa e no seu estilo de vida.

A sua intuição está com você onde quer que você vá, portanto não é uma questão de *onde* você escolhe ouvi-la.

QUANTO MAIS VOCÊ CONSEGUE PURIFICAR O SEU AMBIENTE E A SI MESMO, MAIOR VAI SER A SUA CONEXÃO INTUITIVA.

Mas, do mesmo jeito que é mais difícil ouvir alguém chamando seu nome em um ambiente cheio de gente, barulho e confusão, também é mais difícil ouvir a sua intuição em um ambiente assim.

E, de novo, quando eu falo de purificar o ambiente e você mesmo eu não quero dizer que você precisa acender um incenso. Com relação ao seu ambiente, busque e elimine fontes de medo e insegurança, como jornais, revistas, correspondências, programas de rádio e televisão focados em notícias negativas, ou brigas entre membros da família.

Claro que o incenso, ou música relaxante, perfume de flores, e cores que lhe inspiram também podem ajudar a elevar a sua *vibe* (e da sua casa).

Mas, para purificar a si mesmo, purifique os seus pensamentos, emoções e ações, pois eles afetam o seu campo energético. Escolha se reconectar com a sua paixão, consigo mesmo, com sua intuição, e com o universo.

ISSO NÃO É DA SUA CONTA

Recebo muitas mensagens de leitores e clientes me perguntando como fazer para ajudar Fulano – geralmente o marido/esposa, mãe/pai, melhor amigo.

O objetivo é sempre fazer o outro abandonar um hábito que meu leitor/cliente acredita ser negativo, ou adotar um hábito considerado positivo. Ajudar o outro a "melhorar".

E, ao tentar fazer o outro melhorar, o que normalmente acontece é criamos um plano para isso baseado nas coisas em que nós acreditamos, não o outro. E somos nós que colocamos a nossa energia neste plano, não o outro.

Qual é a chance de isso funcionar? Nenhuma.

De um lado, a pessoa que você ama não quer mudar o hábito x que você acredita que ela deveria mudar, para se tornar a pessoa que você idealiza que ela poderia (ou deveria!) ser.

Mas, do outro, você também não quer mudar o seu hábito de acreditar que outras pessoas devem mudar naquilo que você acha que deveriam. Olha que coincidência! Como vocês dois são parecidos!

Mas você não está nesse momento cem por cento concentrado em mudar a si mesmo, se uma parte de você está preocupada em mudar ao outro.

E por que essa preocupação toda? Por que o outro está sofrendo ao não mudar? Ou seria porque *você* está incomodado, ou sofrendo ao ver o outro sofrer (ou supor que ele está sofrendo, ou que poderá sofrer no futuro).

Percebe? É sempre sobre você. O nome disso é ego, e *tá tudo bem*. Desde que você comece a tomar consciência quando dentro de você acontecer esse impulso, esse movimento, essa dinâmica.

Da próxima vez que você pegar seu ego no flagra, querendo "ajudar" alguém a mudar, se pergunte:

Eu mesmo, aqui do alto da minha sabedoria sobre ~o que é melhor para a vida do outro~, já fiz tudo o que eu poderia fazer para mudar tudo o que poderia ser mudado na minha própria vida (talvez, inclusive, começando por essa vontade irresistível de ajudar e mudar o outro?!).

Caso a resposta seja não, abrace esta missão. Se você realmente ama essa pessoa a quem você gostaria de ajudar, mude você mesmo, se transforme, se fortaleça, se torne mais paciente, mais sereno, mais equilibrado, ou mais amoroso, compassivo, generoso, gentil.

Fazendo isso, você se torna, ao mesmo tempo, a pessoa adequada para, no momento certo, ajudar essa pessoa que você tanto ama.

E como saber quando é o momento certo? É simples: o momento certo é quando a própria pessoa vem até você voluntariamente e lhe pede ajuda!

Porque, neste momento, ela vai participar com você da construção do plano dessa mudança. Ela vai estar vi-

ACEITAR O QUE VOCÊ ESTÁ SENTINDO FAZ PARTE DE ACEITAR O MOMENTO PRESENTE, DE ESTAR EM PAZ COM VOCÊ MESMO E COM O UNIVERSO.

brando na mudança que deseja. Ela vai colocar a energia dela junto com a sua nesse projeto.

E aí, sim, tem chance de acontecer alguma coisa.

Se para chegar nesse momento a pessoa que você ama vai ter que sofrer antes, *tá tudo bem* também. Para se extrair o azeite da azeitona é preciso espremê-la. Da mesma forma, o melhor do ser humano aparece depois de ele ser espremido pelas situações e circunstâncias que ele mesmo cria com suas escolhas – ou com a ausência de escolhas.

Fique por perto. Ofereça um ombro amigo. Esteja cem por cento presente com a pessoa que você ama. E escolha ter compaixão ao observar que ela também está agindo e tomando decisões nesse momento com cem por cento da sua atual capacidade.

Acredite na habilidade de quem você ama de sair das suas próprias enrascadas. E diga isso a essa pessoa: "eu acredito em você".

Esta será sempre a melhor ajuda que você pode dar.

O QUE FAZER COM AS EMOÇÕES NEGATIVAS?

Às vezes, ao embarcarmos na nossa jornada espiritual, resolvemos que vamos ser "superpositivos" e, a partir daí, começamos a reprimir tudo o que julgamos não ser "positivo". Ou resolvemos ser "tranquilos" e excluímos da nossa vida toda a agressividade ou impaciência, ou o que julgamos não ser "tranquilo". E assim por diante.

Acontece que, sempre que reprimimos uma emoção, ela não deixa de existir! Ela continua vivinha da silva, só que escondida dentro da gente.

Ao negarmos nossas emoções, estamos rejeitando o momento presente, e o momento presente é sempre perfeito (inclusive as partes dele que a gente "julga" não serem perfeitas!).

Ao mesmo tempo, quando eu digo que você precisa acolher e aceitar a sua emoção, cuidado!, não estou dizendo que você precisa se identificar com ela.

Por exemplo, se você está sentindo raiva, você pode observar essa raiva, aceitar que a está sentindo, e até se permitir socar uma almofada, mas você não precisa se tornar uma pessoa raivosa e agressiva, e sair gritando e estapeando todo mundo na rua.

A raiva não precisa fazer parte da sua identidade, de quem você é.

Entende a diferença?

E por que é importante se permitir sentir as suas emoções todas, sem exceção?

Porque toda vez que a gente esconde uma emoção embaixo do tapete, a gente começa a projetar essa mesma emoção em outras pessoas, situações e circunstâncias na nossa vida.

Ou seja, a gente passa a criar uma realidade que inclui essa emoção que a gente tentou excluir à força do nosso mundo. Porque nada pode ser excluído!

No exemplo acima, se você reprime a sua raiva, provavelmente você vai encontrar mais pessoas ou situações que o irritam, ou vai interagir com pessoas irritadas ou agressivas com você (muitas vezes sem nenhum motivo aparente!).

E como fazer para parar esse processo de repressão e projeção, como parar de atrair para sua vida e manifestar exatamente aquilo que você não quer?

O primeiro passo é você começar a se observar: que tipo de pessoas ou situações incomodam você?

O segundo passo é se abrir para a possibilidade de que talvez-quem-sabe essa coisa que incomoda você no outro, ou do lado de fora, também exista em você, do lado de dentro.

Este incômodo, acredite, é a sua oportunidade de curar aquilo que precisa ser curado.

Se você vê, está em você.

Certa vez, em uma sessão online em grupo, uma cliente me disse: "então quer dizer que sou lerda e incompetente"? (duas coisas que a estavam incomodando em várias pessoas na vida dela naquele momento).

"Sim", eu respondi. E perguntei: "Você não é lerda e incompetente em nenhuma situação na sua vida?".

"Não", ela estava convicta.

"Consegue pensar em alguma circunstância sob a qual você poderia, em tese, ser lerda e incompetente?".

"Não."

"Imagina se você fosse morar no Japão e tivesse que aprender a falar japonês do zero. Agora imagina você indo para o trabalho no Japão com seu japonês de nível básico. Será que, para os japoneses, você não poderia parecer lerda e incompetente, embora estivesse dando o seu melhor naquele momento?".

E ela ficou alguns instantes em silêncio. Depois respondeu: "Entendi! Que coincidência a sua pergunta... Eu moro fora do Brasil, na Irlanda. Quando cheguei aqui fui incompetente sim. Totalmente lerda!".

E nesse momento minha cliente deu o terceiro passo: trazer para a luz a sua sombra, aceitar tudo o que você é, o bonito e o feio, o bom e o mau. Acolher. Olhar com compaixão para si mesmo e poder, a partir daí, sentir a mesma compaixão com relação aos outros.

Escolha essa pequena mudança e, acredite, a sua vida inteirinha começa a mudar!

ESTEJA NO AGORA NA SUA CAMINHADA

Às vezes tenho a impressão de que o mundo está emocionalmente morto. Mais e mais pessoas vivem sem qualquer entusiasmo pelo futuro, e sem qualquer engajamento com ele.

E a causa disso é que, para nos entusiasmarmos com qualquer coisa, precisamos antes que um outro elemento essencial esteja presente: a clareza. Ninguém consegue se entusiasmar por algo que não sabe bem o que é.

E a clareza, assim como a energia, a felicidade e tantas outras coisas boas na vida, a gente não *tem*: é a gente mesmo que precisa criar.

Uma das ferramentas mais eficientes e simples para se gerar clareza é a gente se fazer perguntas poderosas. Comece seu dia se perguntando: *o que eu desejo realizar na minha vida no futuro?*

Deepak Chopra diz que "todas as intenções e todos os desejos contêm a sua própria possibilidade de realização". Para colocar esta lei em prática, segundo ele, você só precisa seguir três passos:

Primeiro, faça uma lista de todos os seus desejos e traga essa lista sempre com você, lendo todos os dias antes de dormir e quando acordar.

Depois que fizer a lista, entregue ao universo. A partir daí, mesmo quando os resultados parecerem diferentes do que você desejou, confie que existe uma razão para isso e que o universo tem planos ainda mais grandiosos para você do que aquilo que você imaginou.

Por fim, pratique estar no Agora em cada uma das suas ações.

Ou como dizia o professor Hermógenes: “Entrega. Confia. Aceita. Agradece.”

Mas o que significa estar “no Agora” nas suas ações? Onde é esse misterioso lugar de quem tanta gente fala, o Agora?

Certa vez, em um retiro meu, fizemos uma caminhada pela Natureza em silêncio completo.

Passei o caminho todo olhando para o chão, preocupada com os cocôs de vaca, os buracos, as pedras grandes, a lama. Olhando por onde pisava. Quando já estávamos quase chegando no ponto final da caminhada, lembrei de olhar para cima.

E vi, estarrecida, o mundo. Tudo o que eu estava perdendo até então.

Claro que na nossa caminhada sempre haverá cocô de vaca, buracos, pedregulhos e lama.

Mas se caminharmos apenas olhando para baixo, preocupados com os obstáculos, deixamos de olhar para cima e perdemos o contato e o prazer de ver a copa das árvores, o céu azul, os passarinhos, o sol entre as nuvens.

Deixamos de apreciar a beleza do caminho. E estar no Agora é isso.

Então, enquanto você pratica todas as ações que entende serem necessárias para realizar os seus desejos, não se esqueça também de estar presente onde você está Agora, enquanto esses desejos ainda não estão realizados.

Olhe para cima, veja a beleza do dia. Curta a jornada, porque um dia ela vai ser a sua doce lembrança de como foi gostoso chegar lá.

ADMIRE A PAISAGEM

Quando eu era criança, minha família viajava muito para uma espécie de colônia de férias aqui no Rio mesmo, em uma cidade pequena do interior.

Enquanto o carro circulava ainda dentro da cidade, eu gostava de dar tchauzinho para as pessoas nos outros carros e a minha maior alegria era quando elas acenavam de volta.

De repente, a paisagem começava a mudar e a gente podia ver as coisas que não faziam parte do nosso dia a dia, como pastos e vaquinhas. A primeira que aparecia era altamente festejada, e, as demais, a gente contava, separando por cor: tantas pretas, tantas brancas, tantas malhadinhas.

Num determinado momento da viagem, logo depois de uma grande curva, dava para ver ao longe o hotel, imenso, majestoso, no alto de uma montanha.

Eu esperava com excitação essa curva. Às vezes, a confundia com outras e, quando o carro virava e nada aparecia, a excitação só aumentava.

Quando finalmente via o hotel ao longe, sabia que a viagem estava chegando ao fim, então aproveitava aquele restinho de paisagem verde, montanhas, vaquinhas e curvas sinuosas.

“A felicidade não é uma estação aonde chegamos, e sim uma maneira de viajar”, já disse o poeta Runbeck.

Na vida adulta, fazemos o contrário do que eu fazia quando criança. Estabelecemos um objetivo e, enquanto não o realizamos, não conseguimos apreciar mais nada.

Tudo isso para, semanas, meses ou até anos depois, quando alcançamos a meta, descobrirmos que embora ela seja o símbolo máximo do "sucesso", isso não necessariamente traz felicidade.

Muitas vezes, na luta por aquilo que mais desejamos, esquecemos que a felicidade está mesmo é no caminho, nos pequenos acertos, nos nossos aliados, nossos amigos que nos apoiam.

No orgulho que sentimos quando dá tudo errado, caímos de bunda no fundo do poço, mas conseguimos nos reerguer com ainda mais garra do que antes (e o gostinho maravilhoso de poder jogar na cara daqueles que não acreditaram na gente?).

Talvez hoje você ainda não seja exatamente quem gostaria de ser, ou não esteja fazendo exatamente o que gostaria da sua vida. Talvez você não tenha ainda encontrado aquele relacionamento que você sempre sonhou. Talvez a sua saúde, ou o seu corpo não sejam ainda como você gostaria. Talvez você ainda não consiga ver significado no trabalho que faz hoje.

Mas, enquanto você ainda não é ou não faz aquilo que você gostaria, enquanto esses desejos todos não se realizam, você está admirando a paisagem?

Se não está, comece hoje mesmo.

COMO POSSO AJUDAR?

Nós, mulheres, somos criadas desde pequenas para ser "boazinhas", agradar a todos, fazer as pessoas felizes.

Não é à toa que, quando começamos nossa jornada de autoconhecimento, uma das nossas maiores preocupações é "como posso ajudar o fulano"?

Se você está presa nessa armadilha, atenção.

Primeiro, pense na energia que você gasta diariamente tentando estar consciente do nível de "infelicidade" de todas as pessoas a sua volta.

Quando você faz isso, será que você está no momento presente, vivendo a *sua* vida?

Depois, perceba o julgamento que você imediatamente faz de que a infelicidade desta ou daquela pessoa é um erro ou algo que a pessoa não escolheu. Por fim, observe a energia e tempo que você gasta fazendo milhares de coisas que você acredita que aquela pessoa precisa para ser feliz, ou que você presume que poderá mudar a situação daquela pessoa para melhor.

Será que essa pessoa realmente quer ser feliz? Ela está escolhendo isso?

E você, ao escolher por ela, o que está fazendo na verdade? Retirando dela o poder de escolher por si mesma, o livre arbítrio. Será que você é tão superior assim que pode e deve fazer isso?

Será que isso é mesmo bom pra ela? Será que isso é mesmo bom para você?

E, mais importante, será que esta escolha (de se colocar na posição de ter que fazer todo mundo ao seu redor feliz) não está fazendo você infeliz?

Antes de querer mudar os outros, volte para o momento presente e comece a olhar para as suas próprias escolhas.

LUTE PELA SUA CONSCIÊNCIA

Você sente que alguma coisa não está certa...

Milhares de anos atrás, os místicos iriam para cavernas pra escapar das muitas distrações do que chamamos de "realidade". Lá, eles buscavam o centro da mente, aquela coisa da qual tudo é feito. Encontrando essa "coisa", você pode mudar a realidade.

Despertar é isso: você vê a realidade de um jeito diferente, e então você não vê mais o que as outras pessoas veem.

Todos os dias, em cada ligação da sua mãe e em cada foto na sua *timeline* nas redes sociais, o mundo o convida a se juntar ao programa.

Mas você sente que alguma coisa não está certa...

Dentro de você, alguma coisa questiona se isso que você está vendo é mesmo real. E, mais ainda, essa alguma coisa desconfia fortemente que a resposta seja não.

Meditar é buscar essa Verdade maior. É conhecer outros programas: dimensões, realidades, reencarnação, espíritos, o que mais é possível?

Para meditar, você não precisa comprar uma roupa especial da Nike, nem uma almofada especial feita à mão na Índia. Basta você sentar com a coluna ereta em qualquer cadeira da sua casa (ou no chão, de pernas cruzadas), avisar a todo mundo para não o interromper pelos próximos cinco minutos e, durante este tempo, colocar a sua atenção e sua consciência na sua respiração.

Vai ser fácil? Claro que não. Em poucos segundos, é provável que sua atenção vá flutuar da sua respiração para o barulho do seu filho do outro lado da porta, e desse barulho para o fato de que os brócolis estão acabando na geladeira, e daí para uma lista de compras completa.

Ao contrário do que muita gente acredita, meditar não significa que você precise parar de pensar. Pelo contrário, especialmente quando você começar esta prática, você vai observar que *nossassinhora!* você pensa para caramba!

E *tá tudo bem.*

O importante é que, na sua prática de meditação, sempre que você pegar a sua mente indo embora com um pensamento que surgir, você a traga de volta, prestando atenção na sua respiração.

Ah sim, e também é importante você entender que mais valem cinco minutos de meditação todos os dias do que 45 minutos de vez em nunca. Pense na meditação como um ato de higiene (mental) semelhante a escovar os dentes ou tomar banho e vai ser fácil você entender que é melhor um pouquinho a cada dia do que um montão esporadicamente.

E, praticando todos os dias, de repente você descobre o "mundo real": um lugar muito além daqui, onde existe a *vida de verdade.*

De vez em quando você sente que alguma coisa não está certa...

Então lute pela sua consciência! Lute para ver mais do que é esperado que você veja. Somente alguns poucos despertam. Lute para ser um deles.

Medite. Estude. Contemple. Observe. Vá além dos seus cinco sentidos.

Leve a si mesmo para uma oitava acima.

PARE DE RECICLAR

Calma, eu defendo a natureza e sustentabilidade tanto quanto você. Mas, estou falando do seu lixo do passado. Aquele que você vive reciclando quando chega a hora de viver novas situações no agora. Aquele que faz você tomar decisões baseadas no medo e não no amor. Que faz você perder o que está acontecendo no momento presente.

Aquele que faz você fechar seu coração àquela pessoa nova que você acabou de conhecer, só porque você já viveu tantos relacionamentos com pessoas tóxicas, tantos relacionamentos abusivos, ou tantos relacionamentos que acabaram mal que, ah, nem vale a pena se dar ao trabalho de conhecer melhor essa pessoa nova... Deus me livre, vai que você se apaixona e acontece tudo de novo, não é?

O seu lixo emocional é o que faz você perder oportunidades de trabalho, ou deixar suas ideias de lado achando-as muito loucas, ou acreditando que isso aí vai dar errado e você ainda vai perder um dinheirão e fazer papel de trouxa.

O seu lixo emocional é que faz você acreditar, até hoje, que você não é bom o bastante, ou que não merece ter tudo o que você sonha, só porque na terceira série a tia Ofélia corrigiu você na frente da turma toda e os

NÃO FIQUE REMOENDO SITUAÇÕES PASSADAS, RECICLANDO SEU LIXO EMOCIONAL. SEJA LÁ O QUE ACONTECEU NO SEU PASSADO, DEIXE IR, LIBERTE-SE.

amiguinhos riram da sua cara. Ou porque sua mãe lhe deu a boneca da Suzi quando você tinha pedido muito claramente uma Barbie para o Papai Noel.

O momento presente é sua oportunidade de fazer diferente, de se abrir pra receber o que a vida quer lhe enviar.

AME PERDER OPORTUNIDADES

Está na moda e talvez você já tenha ouvido sobre a "FOMO" (abreviação para *Fear of Missing Out*), ou o medo de perder alguma coisa. É aquela sensação que a gente tem de que alguém, em algum lugar, está fazendo alguma coisa muito legal ou incrível ou lucrativa ou tudo isso junto, que a gente deveria estar fazendo também, óbvio.

Que a gente deveria estar estudando alguma coisa, lendo algum livro, acompanhando a rede social de alguém, melhorando alguma coisa na nossa casa, sei lá, fazendo um *feng shui* mudando os móveis de lugar para fluir melhor a energia, botando extensão de cílios, jantando naquele novo restaurante japonês que saiu na *Veja* aonde vão todas as estrelas da Globo.

Pois uma das coisas mais importantes que você pode aprender é viver o oposto do FOMO: O LOMO, *Love of Missing Out*, o amar estar "perdendo" alguma coisa.

A vida é muito curta para você perder tempo com o que não é importante *para você*. E não importa o que é importante pra sociedade, pra sua mãe, pro seu chefe ou sua vizinha, as celebridades ou as musas fitness no Instagram.

Aprenda a amar dizer *não* (ou *agora não*) para coisas que não estavam no seu plano, que o tiram do seu plano, que consomem seu tempo sem trazer nenhum benefício em troca (ou trazendo um benefício infimamente menor que o tempo consumido).

Aprenda a amar perder amigos que não se importam com você de verdade. Que estão sempre preocupados apenas com o que *você* pode oferecer a eles.

Aprenda a amar perder oportunidades incríveis que chegam no momento inapropriado. Aprenda a priorizar ainda mais sua saúde e seu bem estar. Físico, mental e espiritual.

Adote o LOMO como estilo de vida e troque a ansiedade de pensar no que poderia estar perdendo o tempo todo pela paz e a serenidade de constatar e viver o aqui e agora, na maior simplicidade possível.

A OPINIÃO DOS OUTROS SOBRE VOCÊ

A opinião dos outros sobre você é problema deles, não seu.

E, na maioria das vezes, tem mais a ver com eles do que com você. São projeções dos medos, frustrações, mágoas, ressentimentos, inseguranças, decepções *deles*.

O que isso tudo tem a ver com você? Exato: *nada*.

Ninguém sabe o que está se passando com você e a sua vida, seu coração, sua alma. A única pessoa que realmente entende você no mundo é você mesmo.

Pare de buscar o amor.

Aprendi em um livro chamado *Um curso em milagres* que o ego sempre acha que o amor é muito perigoso. Aliás, ele tem certeza disso. E esse é o seu ensinamento principal.

Claro que ele não coloca as coisas dessa forma... todo mundo que está sendo guiado pelo ego está *intensamente engajado na busca pelo amor*.

Só que o ego, ao encorajar você a buscar o amor muito ativamente, coloca só uma condição: não encontre. Sua regra é: procure... e não encontre.

Como o ego é incapaz de amar, ele ficaria totalmente inadequado na presença do amor, você já não precisaria dele, você já não seguiria mais suas instruções e indicações.

Então, qual é o interesse do ego em que você encontre o amor, se quando você o fizer, o ego vai... morrer?

Enquanto você seguir os ensinamentos do ego, e do que o ego ensina ser o amor (por exemplo ficar aí se preocupando com a opinião de todo mundo sobre tudo na sua vida), você nunca vai encontrar o amor.

Ou melhor, você não vai reconhecer o amor, mesmo quando ele estiver bem debaixo do seu nariz.

E veja, você em algum momento da vida *vai* embarcar nessa jornada, nessa busca, porque você não está em casa nesse mundo. Você vai buscar a sua casa. O seu lar.

Se você continuar acreditando que esse lar fica fora de você, e seguindo os ensinamentos do ego, essa jornada vai ser muito, muito frustrante mesmo.

Mas existe outro "mestre" pra você seguir em vez do ego: seu coração. Você não lembra de buscar seu lar dentro de você mesmo, mas o seu coração sim. Ele sabe o caminho. E a função dele é te lembrar o caminho.

Escute esse guia que Deus lhe deu, esse GPS interno que o Criador instalou de fábrica dentro de você. Digo de fábrica pra você não ficar aí imaginando que esse GPS interno seja um opcional "*especial*" restrito a pessoas "especiais", gurus, pessoas que meditam nas cavernas do Himalaia, mestres espirituais, ou sei lá quem.

O que o ego te ensinou que é o amor? Encontrar alguém "especial"? *Ser* alguém "especial?

E se o amor for algo completamente diferente disso? Se abra para essa possibilidade.

Se você deixar de fazer o que você *quer*, o que seu coração sente que é o certo *para você* neste momento, por causa do que alguém lá fora vai pensar, bem, você está fazendo isso errado.

Com o perdão da palavra, aprenda a ligar o foda-se. Na vida, às vezes é *Namastê*, e noutras é *Vaisif... udê*.

APEGO É BUSCAR SEGURANÇA FORA DE VOCÊ

Celebre a vida, em cada uma das suas pequenas coisas. Se espreguiçar na cama, tomar um banho quente, comer, mexer seu corpo, caminhar, beijar seu filho, ouvir uma música que mexe com você, dançar, rir, ler um bom livro, abraçar seu cachorro.

Não se engane: são *estas* coisas que importam. Estas que devem ser ritualizadas e feitas com a maior alegria do mundo.

Deixe ir tudo o que te impede hoje de viver em celebração, em gratidão.

Por exemplo, suas crenças e condicionamentos que fazem você achar que só poderá ser feliz quando conquistar *xyz*, ou fizer *xyz*, ou tiver *xyz*. Se livre disso urgente!

Quanto mais você conseguir se alegrar com as pequenas coisas que *já* existem na sua vida, mais você vai se aproximar da sua Verdade. Depois que você chegar nela, você será livre.

Toda vez que você se perceber apegado a algo ou alguém, comece a perceber o quanto você está buscando segurança nesta coisa ou pessoa. Fora de você. Nos apegamos em títulos, carreiras, prêmios, colocando a nossa importância fora da gente. Se esses títulos, carreiras, prêmios nos forem tirados, quem seremos?

Nos apegamos em pessoas, acreditando que só podemos ser inteiros com essa ou aquela pessoa especial. Se esta pessoa um dia for embora, quem seremos?

Nos apegamos também em ideias, crenças, condicionamentos, bloqueios, historinhas do nosso passado. Se deixássemos ir tudo isso, quem poderíamos ser?

Nos apegamos às nossas expectativas de como o mundo deveria ser, de como as pessoas deveriam ser, de como deviam se comportar, falar com a gente, de como deveríamos estar avançando na vida, do que precisamos realizar pra ser felizes ou ter ~sucesso~.

Se desapegarmos de tudo isso, podemos perceber que o mundo já é perfeito. Exatamente do jeito que é neste instante.

E você também.

OUÇA SUA INTUIÇÃO

Este é o seu superpoder. Embora seu corpo seja exclusivo para seu atual CPF, não se esqueça de que seu Espírito já viveu milhares de vidas, bilhões de diferentes experiências, já amou, já sofreu, já foi traído, já errou, já escorregou, fez cagadas, já se arrependeu, já perdoou, já aprendeu a ser paciente, compassivo, generoso, amoroso.

Seu Espírito já aprendeu tantas lições que você não precisa viver de novo pra (re)aprender: basta ouvir seu coração.

Em especial se você é mulher, sua conexão com essa voz interna faz parte da sua mais profunda natureza, faz parte do feminino.

Mas é muito fácil nos desconectarmos da nossa intuição, porque não estamos presentes no Agora. Estamos distraídos demais com "o mundo lá fora", com as pessoas, circunstâncias ou situações na nossa vida, nos lamentando pelo passado ou ficando ansiosos com o futuro, viajando no tempo.

Enquanto isso, nosso corpo fica vagando por aí, muitas vezes desabitado pela nossa mente, como se fosse um zumbi.

E, com isso, toda a experiência do nosso Espírito é desperdiçada, e repetimos dia após dia, ano após ano os erros que já cometemos nesta e em tantas outras vidas.

E isso permite que você, no Agora, saia dessa roda infinita de repetições e sofrimento desnecessários.

CONECTAR COM A SUA INTUIÇÃO TRAZ VOCÊ DE VOLTA PARA O MOMENTO PRESENTE. O AGORA.

O MISTÉRIO DO COELHO PENSANTE

Certa vez, li para o meu filho o livro *O mistério do coelho pensante*, de Clarice Lispector, pro Davi. Em determinado momento, o livro diz:

"Coelho tem muita dificuldade de pensar, porque ninguém acredita que ele pense. E ninguém espera que ele pense. Tanto que a natureza do coelho até já se habituou a não pensar".

Uma das conclusões da Física Quântica é que a realidade não existe enquanto não a observamos.

Se ninguém acredita que o coelho pensa e se ninguém nem sequer espera que ele pense, ele não só não pensa como também até se habitua a essa situação.

Se você se relaciona com as pessoas na sua vida já esperando que elas "não são confiáveis", ou "são ignorantes", ou "são mal-educadas", e se você nunca espera que essas pessoas sejam bondosas, amigáveis, gentis, inteligentes e incríveis, acontece com elas o mesmo que acontece com o coelho da Clarice Lispector: elas se habituam com essa situação.

Curiosamente, com você elas são ignorantes, não confiáveis e mal-educadas, e em volta de você todos os seus amigos vão ficar surpresos e dizer: "mas geeeente! Essa pessoa é um amor, superfofa!". Você está criando a sua realidade a partir da sua percepção.

Quais são as suas crenças sobre as pessoas na sua vida hoje, especialmente quanto aos seus relacionamentos mais importantes?

Você está usando demais o "você sempre...", ou "você nunca..." nas suas discussões?

O que será que aconteceria se você escolhesse ver essas pessoas com os olhos do coração? Se você escolhesse focar nas coisas boas que existem no seu relacionamento?

Experimente.

V
GRATIDÃO

Uma vez recebi um e-mail de uma leitora que, dentre muitas outras coisas, sonhos, vontades e descobertas, disse o seguinte: "*Quando pequena eu sempre quis ser bailarina, sempre achei bonito e muito admirável ver que elas podiam dançar de maneira tão leve em sapatilhas tão apertadas*".

As sapatilhas de todo mundo apertam um pouco – umas menos, outras mais, e umas tanto que fazem cair unhas, criam bolhas, tiram sangue.

O importante quando as nossas sapatilhas apertam é a gente não perder a leveza, saber fazer da dor uma dança sutil e bela que possa tocar o outro e transformar vidas.

*

Faça diariamente o esforço que você precisar fazer para despertar do transe coletivo em que você vive.

Para perceber o mundo de uma forma nova. Para lembrar que você está conectado a tudo que está vivo.

Reconheça a divindade nas árvores, plantas, pedras, animais, pássaros, insetos, e nos elementos.

No seu porteiro, na caixa do supermercado, no seu colega de trabalho, seu chefe, nas pessoas que passam por você na rua. Tudo é um reflexo de você.

O que o mundo lá fora tem a te dizer hoje?
Desperte do transe e descubra.*

* Acesse www.budadancandonumaboate.com.br e baixe materiais incríveis para complementar a sua jornada de gratidão.

VOCÊ ESTÁ REVESTIDO DE TEFLON?

Gratidão é o vinho para a alma.
Vá lá. Se embebede.
RUMI

Independente de qual é hoje o seu sonho de vida – seja ele a casa própria, um novo emprego ou carreira, um relacionamento incrível, independência financeira, uma viagem exótica – por trás dele existe um único objetivo: ser feliz.

E embora muitas pessoas acreditem que estas e outras conquistas materiais são meios para se atingir a felicidade, podemos atingi-la de forma bem mais simples e com muito menos esforço.

Um dos mais importantes desses elementos é a gratidão.

Mas se a felicidade pode ser algo assim tão simples, por que vemos tantas pessoas infelizes?

Acontece que as pessoas parecem estar revestidas de teflon.

Como assim?

Quando as coisas vão mal, quando temos um problema, ou quando somos surpreendidos por um obstáculo, somos capazes de ficar horas reclamando disso nas redes sociais, no bebedouro da empresa, nas conversas com a família e amigos, nos grupos do WhatsApp.

EXISTEM ALGUNS ELEMENTOS ESSENCIAIS PARA A FELICIDADE E, CURIOSAMENTE, NENHUM DELES É MATERIAL.

É muito mais raro a gente se dar esse mesmo tempo para falar das coisas boas! Acontecem coisas boas na vida da gente e, ao contrário das coisas "más", parece que as boas batem na gente e não colam. Batem e já desgrudam automaticamente.

A gente não se permite ficar cinco minutos curtindo aquela coisa boa que aconteceu, celebrando aquele bom momento da nossa vida.

Não nos permitimos sentir a gratidão, se sentir feliz: estamos antiaderentes com relação à felicidade.

Pelo contrário, já começamos a pensar em qual é o próximo problema que vamos solucionar!

Para mudar isso, você pode começar uma prática diária de gratidão hoje mesmo. Não custa nada, é de graça: você só precisa de caderno e caneta.

Toda noite, antes de dormir, se pergunte: pelo que eu me sinto grato ou pelo que eu me sinto feliz agora? Busque na memória até ter pelo menos três coisas.

Em dias "ruins", agradeça por estar vivo, com saúde, ou por ter um teto sobre a sua cabeça, um prato de comida ou uma cama para dormir. As coisas simples – porém muito importantes! – também podem e devem ser agradecidas.

E como sei que talvez você já esteja praticando a gratidão, vou dar uma dica extra, caso você queira aprofundar ainda mais esta prática.

O autor Robert Emmons diz que para você realmente praticar a gratidão profunda, você deve pegar cada coisa ou pessoa na sua lista e a detalhar em pelo menos cinco motivos pelos quais você é grato por ela.

Por exemplo, se você escrever no seu caderno que você é grato pelo seu filho, como você pode levar essa gratidão para o próximo nível?

"Eu sou grata porque eu adoro acordar meu filho de manhã quando ele ainda está meio sonolento e eu posso agarrar ele todinho!".

"Eu adoro quando ele chega em casa da escola correndo pela casa e me chamando 'mãe, mãe!'".

"Eu adoro nossas conversas logo antes de dormir, quando dizemos 'eu te amo', e nos abraçamos apertado."

Este detalhamento é importante porque, enquanto você está colocando detalhes, você está se dando o tempo de realmente curtir as coisas boas na sua vida.

Ou seja, está retirando aos poucos a sua camada de teflon, e descobrindo como é simples ser feliz.

A INVEJA É UM BOM SINAL

Da próxima vez que você sentir aquela invejinha, aquela, sabe, aquela que você nunca que vai admitir que sente, que você nem comenta com ninguém porque você não é invejoso, imagina, você é uma pessoa boa e toda trabalhada na espiritualidade, bom, da próxima vez que você sentir aquela-coisa-que-você-sabe-que-sente-mas-fingiremos-que-não-sabemos, lembre-se do seguinte.

Não tem como você ver fora de você nada que não exista dentro. Já falei aqui que se você vê, está em você.

Normalmente eu falo isso para ilustrar os momentos em que você está projetando as suas sombrinhas "negativas" no seu pobre marido, chefe, amiga, namorada, mãe, vó, tia do café.

Mas olha que legal: a mesma regra vale pra quando você vê uma coisa *boa* em outra pessoa. Essa coisa boa que você está vendo, essa prosperidade, essa abundância, essa beleza, essa saúde, essa generosidade, essa sensualidade, essa bondade, esse sucesso, essa realização profissional, esse talento natural, esse poder interno, essa felicidade, esse ziriguidum, meu amigo, a semente disso tudo também habita dentro da sua pessoa!

Então, da próxima vez que você sentir aquela invejinha de alguém, *apenas pare*, e se pergunte: qual é o meu potencial não realizado que eu estou projetando nessa pobre criatura?

Qual é o sonho empoeirado que eu deixei de lado escondido num canto dentro de mim e que essa pessoa realizou e por isso eu sinto que ela está sambando na minha cara?

E, o que é mais importante: se você pegar esse mesmo tempo que você gasta *stalkeando* ou pensando na vida dessas pessoas que você inveja e investir em dar um primeiro passo na direção do seu sonho *hoje mesmo*, o que mais pode ser possível na sua vida?

AME O PERRENGUE

A tristeza dá profundidade (...),
a tristeza dá raízes.
OSHO

Já observou uma criança aprendendo a andar?

Ela vai cair um milhão de vezes, mas ri de si mesma, levanta e tenta de novo, e continua tentando até que consegue. Quando estamos aprendendo uma coisa nova ou começando um novo ciclo da nossa vida, vamos cair um milhão de vezes também.

A criança nunca pensa "que idiota eu sou, eu nunca vou conseguir!".

A criança nunca desiste.

A cada queda, seja como a criança que aprende a andar: ria de si mesmo, aprenda as pequenas lições de cada queda e nunca, nunca desista.

Seja gentil com você mesmo: nunca se diga nada que não diria a uma criança aprendendo a andar.

Encare cada "fracasso" como um desafio e fique cada vez mais motivado a ir em frente. Que você consiga se conectar com essa força imparável que existe dentro de você.

Que você consiga rir das críticas alheias ou, quando elas forem maldosas, responder insolente como uma criança: "Mentira!, eu vou *sim* conseguir e você vai ver só!".

E siga em frente. Sempre.

Não deixe que um tropeço se transforme numa queda. Faça dele um degrau para o sucesso. Quando tiver pedras no seu caminho, use-as como base pra aumentar ainda mais seu equilíbrio.

Se as pedras estiverem sendo colocadas por outra pessoa, lembre-se de agradecer (mentalmente basta). Porque no plano espiritual esta pessoa aceitou ganhar karma nesse plano fazendo o mal, pra que você possa ter essa oportunidade de se fortalecer.

Mande luz para ela e aprenda tudo o que puder com essa situação, para honrar todo o karma que ela aceitou ganhar.

Imagina se toda a sua vida fosse desenhada para o seu despertar. Ela é.

Sabe esse perrengue imenso que você está passando agora? Esse que faz você – por mais espiritualizado e todo trabalhado no *coaching* e na terapia que seja – se perguntar escondido "*meldels* por que isso está acontecendo comigo?".

Se permita apenas por um momento imaginar que ~isso~ não está acontecendo *com* você, mas sim *para* você.

Que toda a Existência só vai despertar quando *você* despertar. E que, por isso, toda a Existência é desenhada minuciosamente para oferecer a você todas as oportunidades possíveis de crescimento espiritual.

Imaginou?

NEM SEMPRE A VIDA VAI SER CONFORTÁVEL. ENCONTRE CONFORTO NO DESCONFORTO. GANHE FORÇA NO DESCONFORTO. DESCUBRA MAIS SOBRE VOCÊ NO DESCONFORTO. SE REINVENTE NO DESCONFORTO. SE TORNAR CADA VEZ MAIS VOCÊ NO DESCONFORTO. ATÉ QUE O DESCONFORTO SE TRANSFORME EM... PAZ.

E como será que você passaria a viver a sua vida a partir de HOJE se você começasse a acreditar que tudo o que te acontece foi desenhado para o seu despertar?

Que esse perrengue imenso que você está passando agora é, também, um acontecimento desenhado cuidadosamente pelo Universo pra te proporcionar os aprendizados que a sua alma precisa? Será que você seguiria se perguntando "por que eu?", ou será que a pergunta mais adequada seria: como esse perrengue pode ajudar no meu despertar?

FUNCIONÁRIO EM TREINAMENTO

Tem épocas da vida em que parece que tudo dá errado. É um problema atrás do outro, um filho da mãe atrás do outro, parece que a gente está cagado de arara. Acredito que todo mundo já passou por isso na vida. Pelo menos, eu, já.

Nessas horas, é fácil cair na tentação de acreditar no pensamento de que "isso não vai acabar nunca", ou de que "meu pai do céu, eu não vou dar conta disso!".

Se você está passando por um momento como esses agora, pare, respire fundo, e lembre que você já passou por coisa pior.

Lembra o tanto de problema, desafio, confusão que já aconteceu na sua vida até hoje – e também na vida das pessoas perto de você.

E percebe que, tanto as coisas do passado quanto as atuais não são nada além de *capacitação.*

É a vida – ou Deus, ou o Universo, ou como você preferir chamar – capacitando você para sonhos maiores.

E pra desafios maiores também. O Universo tem mais noção do seu potencial do que você

VIVER APENAS NÃO BASTA

Seja o *sommelier* da sua própria vida. Se apaixone e valorize o normal. Se divirta com tudo o que você faz.

Olhe para a sua rotina e se pergunte o que você pode fazer pra ela funcionar melhor pra você (não pra sua mãe, nem pro seu marido, nem pra sociedade).

Não é uma vida incrível que vai fazer você viver com entusiasmo, mas sim o seu entusiasmo que vai fazer você viver uma vida incrível.

Aplique essa atitude, essa paixão, essa curiosidade e essa gratidão, desde a hora que você acorda até a hora que você vai dormir, e a tudo que acontecer entre as duas coisas.

Quando eu tinha doze anos, o escritor Fernando Sabino deu uma palestra na minha escola. Foi um dia mágico para mim.

Eu queria ser escritora e ali estava um escritor que eu admirava, em carne e osso, na minha frente, me contando histórias sobre... escrever!

Quinze anos depois, aos 27, escrevi meu primeiro livro, *Primavera eterna*. Como a gratidão sempre foi uma prática presente na minha vida, escrevi à mão uma carta para o Fernando Sabino. Nela, agradecia por ele ter um dia tomado seu tempo pra ir conversar com um bando de crianças de 12 anos.

Contava como conhecê-lo tinha me mostrado que sim, era possível ser escritor! E contava que tinha escrito meu primeiro livro, que seria publicado em breve. E coloquei meu telefone na carta, caso um dia ele batesse com a cabeça no chuveiro e quisesse falar comigo.

Peguei meu carro e fui até a casa dele, onde deixei minha cartinha com o porteiro. Era dia 23 de dezembro de 2003.

No dia seguinte, véspera de Natal, acordei com meu telefone tocando às sete da manhã. "Bati a cabeça no chuveiro", ele disse. E tivemos uma longa conversa muito amorosa, que foi sem dúvida um dos momentos mais emocionantes e belos da minha vida. Desses que a gente guarda pra sempre. No ano seguinte, meu livro foi publicado. E Fernando Sabino se foi. Mas a semente que ele plantou no meu coração ficou, e cresceu.

Minha convicção de que estou aqui pra compartilhar é minha razão de vida, e por ela eu escrevo diariamente, palestro, gravo vídeos, faço coisas que eu nunca teria imaginado que um dia teria coragem de fazer.

Encontre sua convicção, lute por ela, viva o que você acredita a cada dia. Não jogue fora essa oportunidade extraordinária que é a vida.

Como escreveu Sabino: "*Viver apenas não basta. Não basta, não basta. É preciso uma convicção, e conscientemente escrever, falar, brigar, viver por ela*".

Quando você vive a sua Verdade você toca o coração de outras pessoas como o Sabino tocou o meu. E a corrente de amor que se cria é poderosa e infinita.

REFAÇA SUA ESCOLHA PELA LUZ

Às vezes, cruzar com pessoas que estão escolhendo as sombras serve para reforçarmos nossa escolha pela luz.

Estas pessoas são lembretes vivos da importância de fazermos e refazermos esta escolha com consciência.

Esteja atento a cada instante em que a vida lhe fizer o convite de escolher entre a luz e a sombra. Às vezes, a escolha é óbvia. É fácil você escolher não matar, ou não roubar. Mas, às vezes, a escolha que se apresenta é algo bem pequeno, mais sutil, que pode passar despercebido.

Como escolher entre tratar a caixa do supermercado como um robô que só está ali pra servi-lo, ou como um ser humano, dando bom dia, oferecendo um sorriso e até mesmo um elogio (é de graça, compartilhe mais!).

Se você convive com alguém que está escolhendo as sombras (e talvez até mesmo prejudicando-o), use essa oportunidade para despertar um pouco mais.

Seja grato porque essa pessoa está lhe dando uma grande oportunidade.

Refaça a cada instante a sua escolha pela luz.

TODOS SOMOS MEDICINA

As suas dores e as lições que você está aprendendo com elas (ou já aprendeu) são medicina para alguém que, neste exato momento, está pedindo aos céus por ajuda, já desesperançado.

Este é o Propósito maior de cada desafio, de cada sacode que você (acha que) leva da vida, de cada perrengue: tornar você uma medicina cada dia mais potente, mais eficiente, melhor.

Pra que você possa cumprir cada vez melhor a sua missão de vida (que é igual a minha e a de todo mundo): ajudar o outro. Não existe ninguém vivo que não seja medicina. Não temos pessoas "sobrando" no mundo. A violência de um assassino é a medicina que talvez eu ou você precisemos para abandonarmos nossa violência interna, ou a violência que é – também! – não olhar nos olhos de um ser humano que nos está servindo. A violência que é não agradecer. Os erros de um político corrupto (qualquer um!) servem de medicina para curar toda uma população da desonestidade, ou no mínimo da dormência e da inércia diante dela, do achar "normal", ou que "é assim mesmo".

Aos poucos, vamos nos curando mutuamente enquanto humanidade com nossos erros e acertos.

E tudo está sempre certo e bem.

ESTOU DE OLHO EM VOCÊ

Um dos meus melhores amigos tem um olho de vidro. Ele perdeu um dos olhos aos dois anos de idade por causa de um câncer.

Para muita gente, esta limitação poderia ser um entrave. Motivo para deixar de fazer aquilo que tem vontade. Motivo para sentir pena de si mesmo. Mas não para o meu amigo Miguel.

Na juventude, ele percebeu que de nada valia considerar seu olho de vidro como uma limitação e resolveu usar sua diferença a seu favor.

Como ele mesmo conta, nos barzinhos, depois de duas ou treze cervejas, ele chegava nas meninas bonitas, tirava seu olho de vido, segurava numa das mãos e mostrava para a moça dizendo:

"Estou de olho em você". Segundo ele diz – e eu acredito –, essa cantada nunca funcionou.

Mas, ela virou uma piada interna, parte do anedotário pessoal do Miguel, que eu já o vi contar em inglês, na frente de umas boas 800 pessoas no palco de um grande evento na Califórnia. E foi aplaudido de pé.

O Miguel tem a limitação dele, eu tenho as minhas e você certamente tem as suas. A diferença entre cada um de nós é a forma como vamos escolher ver e lidar com estas limitações.

Podemos passar o resto da vida resmungando e reclamando, atribuindo a elas todos os nossos fracassos. Ou podemos escolher rir de nós mesmos, e compartilhar nosso riso com o outro.

Mike Williams diz que "Todos nós temos limitações físicas (...). Toda imperfeição é considerada pelos xamãs como uma fonte de poder – prova de que a pessoa foi tocada pelos espíritos"

Cada pedaço de você tem todos os segredos do universo. Você não precisa buscar nada fora de você porque toda a sabedoria, sua e de milhares de outras pessoas, está esperando por você em suas células. E isso inclui as suas limitações.

Converse com os pedaços de você, resgate os pedaços que se perderam ao longo da vida e do tempo.

Sinta gratidão por toda esta sabedoria, esta é uma das mais poderosas chaves para acessá-la. Conheça – e reconheça – todas as suas limitações, e seja grato por elas.

SUA IMPERFEIÇÃO É UM PORTAL PARA O SEU PODER.

PAPOS RETOS FINAIS

Meu Chamado foi uma demissão em 2012. Bem antes disso, eu já sabia há muito tempo que não estava feliz sendo advogada, quando queria mesmo era ser escritora. Mas fui seguindo em frente.

Você já pensou – ou sentiu – que "isso não está dando certo", ou "não está funcionando pra mim", ou que "tem algo errado aqui", ou que "preciso mudar isso"?

Este é o seu Chamado te chamando *já*. Você não precisa esperar a demissão. Nem o divórcio. Nem o câncer. Nem a morte da sua mãe. Nem o acidente de carro. Nem nada.

E você também não precisa continuar abafando essa voz interna que o chama. Chega de comprar demais, comer demais, beber demais, se drogar demais, amar demais quem não te ama, ou seja lá qual for a válvula de escape que você encontrou.

Você pode escolher diferente. Pode escolher ouvir o Chamado. Isso significa que coisas precisarão mudar na sua vida. Mas, você sabe melhor que eu, essas coisas precisam mesmo mudar. E não é de hoje.

Vai doer, já adianto. Aqui não tem propaganda enganosa: crescer dói. Mas, é bom, importante pro seu Espírito. É pra isso que você está aqui.

Se o seu Chamado está chamando (mesmo que há muitos anos), atenda agora.

VOCÊ FAZ O QUE PRECISA SER FEITO?

Eu sou a primeira a dizer para você, sempre, que você *merece sim* tudo o que você deseja na vida.

Mas tem uma pergunta importante: você se dispõe a fazer o que precisa ser feito pra ter o que você deseja? Por muitos anos, eu acreditei que o "fazer o que precisa ser feito" estava só no campo da matéria, eu achava que era só "fazer coisas". Talvez você ainda esteja preso nessa crença.

Mas faltou o resto: o trabalho mental, emocional e espiritual.

Porque lembra, você não é só um corpo! Aliás, o corpo é uma parte bem pequena do que você é...

Pra realizar as coisas que você deseja profundamente, você precisa de *foco* nos seus pensamentos, nas suas emoções e nas suas ações. Ter persistência, disciplina e consistência não só no que você faz, mas também no que você pensa e sente!

Se você acaba de perceber que até hoje deu muito mais importância ao esforço físico, comece *agora* a colocar seu foco e atenção, disciplina e consistência no seu trabalho mental, emocional e espiritual.

O TRABALHO QUE PRECISA SER FEITO NEM SEMPRE É SÓ FÍSICO. PELO CONTRÁRIO, NA MAIORIA DOS CASOS QUE EU VEJO DE SONHOS QUE NÃO DÃO CERTO, O TRABALHO FÍSICO FOI FEITO E MUITO.

QUANDO VOCÊ MUDA, VOCÊ SE TORNA UM CONVITE PARA QUEM DESEJA MUDAR.

Não fique paralisado pelo medo de perder pessoas se você mudar. As pessoas na sua vida que não querem mudar – talvez porque ainda não estejam prontas para isso – vão olhar torto para a sua mudança. Vão falar que você está esquisito. Que você "era melhor antes". E algumas delas vão sair da sua vida.

A Martha Beck, uma das *Coaches* mais famosas do mundo, diz que: "Se você se abandonou em um esforço para manter alguém ou alguma coisa, desaprenda esse padrão. Viva a sua verdade, e as perdas que se danem. Assim, o seu coração e a sua alma vão voltar pra casa."

Já as pessoas que desejam mudar, vão se aproximar de você. Porque a sua mudança é um convite pra elas mudarem também. Muito provavelmente, você vai fazer novas conexões. Novos melhores amigos de infância. Lembre-se disso: algumas pessoas vão se incomodar com a sua mudança. Outras vão se inspirar.

Com quem você prefere andar?

FAÇA PORQUE É SUA MISSÃO

Nos meus eventos ao vivo, estou em uma sala com centenas de pessoas tendo uma profunda conversa sobre tudo. Abro o microfone e nunca sei o que vão me perguntar.

Compartilho coisas que nem eu mesma acredito que tive coragem de falar, ou sobre as quais eu nunca falei publicamente.

Tenho que ser totalmente vulnerável, porque só assim posso criar um espaço sagrado e seguro onde você também possa ser vulnerável, se abrir, falar o que sente, o que dói.

É uma responsabilidade enorme. Pessoas viajam do Brasil e do mundo todo pra estar comigo, em busca de uma resposta. Deus só nos dá o fardo que podemos carregar, mas às vezes eu acho que Ele me superestima. Muitas vezes, no meio dos meus próprios perrengues, eu me pergunto: "quem sou eu pra ajudar alguém?". Eu não tenho todas as respostas. Não sou perfeita. Muitas vezes, não faço a menor ideia do que estou fazendo. Apenas sigo meu coração. E, acredite, assim como você, muitas vezes eu quebro a cara.

Mas meu coração hoje é muito maior do que já foi um dia, e minha empatia e compaixão também. Não tenho medo de me abrir, mostrar minhas feridas, ser vulnerável, se tiver uma mínima chance da minha história preencher o vazio, curar o medo ou a dor de alguém.

Nem sempre estar conectado espiritualmente e a serviço vai ser fácil, ou gostosinho. Nem sempre você vai ter apoio – muito pelo contrário, vão tirar sarro de você e te virar as costas. Pode contar com isso!

Mas lá fora tem pessoas precisando de você, pessoas reais com dores reais. Então vá em frente. Faça porque é o que tem que ser feito, é a sua missão. Mesmo que seja difícil, não desista nunca.

*

Eu sempre digo que o universo não tem braços nem pernas a não ser os seus. No livro *Um curso em milagres*, Jesus diz: "Você é minha voz, meus olhos, meus pés, minhas mãos por meio das quais eu salvo o mundo." Entende? Percebe por que é importante, importantíssimo que você acorde todos os dias com brilho nos olhos pra fazer o trabalho que você nasceu pra fazer?

Percebe o quão *grave* é quando você simplesmente se arrasta pela vida? Quando seu único objetivo é completar uma cartela de Bingo Da Sociedade colocando um feijão no quadradinho escola, outro no faculdade, outro no estágio, outro no casamento, outro no emprego, outro no sucesso financeiro, outro no casa própria, carro novo, filhos, pós-graduação e gritar BINGO!

Um dia você percebe que preencheu a cartela completa e... está infeliz! Não se sente realizado pessoal nem profissionalmente.

Entendeu por quê?

Porque você não está aqui pra completar cartela nenhuma! Você está aqui a serviço. Repito: *serviço*.

Você ganhou a vida de *presente*, e o mínimo que você pode fazer é colocá-la a serviço do universo: emprestar sua voz, seus olhos, seus pés, suas mãos para salvar o mundo. Não que *você* vá salvar o mundo (nem que ele precise ser salvo!), mas porque, ao fazer isso, você *se salva*. E isso já basta para Deus.

DÁ O PASSO QUE O UNIVERSO BOTA O CHÃO EMBAIXO

Certa vez recebi uma mensagem de uma leitora que dizia que sabia não estar feliz no trabalho atual, mas que não sabia qual era o seu sonho. “Eu só sei que gostaria de ajudar outras pessoas, mas eu não faço ideia de como.”Respondi pra ela: “Então você sabe o que você quer fazer: ajudar outras pessoas. O como não faz parte do seu sonho!”. Muito raramente eu sei *como* eu vou conseguir fazer as coisas muito loucas que eu sonho em fazer. E tenho certeza de que com você é assim também.

E aí? O que fazer?

Dá um primeiro passo. Um passo pequeno. Um passinho. Um micropasso!

Quer ajudar pessoas e ainda não sabe como? O que mais tem no mundo são pessoas precisando de ajuda. Olha em volta!

Seja voluntário em um projeto. Distribua sopa. Cestas básicas. Converse com moradores de rua. Compartilhe um abraço, um elogio, uma palavra de acolhimento. Olhe nos olhos.

Continue fazendo um bom trabalho. Seja mais gentil com você mesmo, enquanto se torna mais gentil com os outros. Trabalhe para expressar a divindade nas suas atividades do dia a dia. Contribua e mude o mundo. Não tenha medo de ser maior. Deus espera isso de você. Você tem dons que precisam ser compartilhados. Os que você já compartilha e outros que você ainda vai descobrir.

O "como" que você não sabe ainda, cá entre nós, é o como-você-vai-fazer-dinheiro-com-isso. É ou não é?

Se você sente que quer ajudar os outros, dane-se o dinheiro! Ajude os outros! No instante em que você começar a trabalhar pro universo, acredite: ele vai mostrar pra você como pagar suas contas. Ou vai providenciar que elas sejam pagas para você, de maneiras que nem eu nem você somos capazes de imaginar agora. Enquanto você ficar aí só dando trabalho pro universo, ocupando espaço, aí não, né? Não dá pro universo te ajudar, porque você também não tá ajudando. Lembra do Jerry Maguire gritando no filme *A grande virada*: "me ajuda a te ajudar! Me ajuda a te ajudar!".

É isso que o universo está gritando para você também, neste exato momento.

Dá o passo, que o universo bota o chão embaixo.

ESPALHE O AMOR

Se você gostou deste livro, se ele acordou algo dentro de você ou se mudou sua perspectiva sobre qualquer coisa na sua vida, por favor, espalhe isso para o mundo!

Quando publiquei meu último livro, eu tinha um punhado de seguidores no Facebook e na minha lista de leitores da *newsletter* por e-mail. No momento em que escrevo estas palavras finais, meus vídeos no YouTube contam com 4,5 milhões de visualizações, minhas mensagens nas redes sociais são recebidas por cerca de 700 mil seguidores, e minha *newsletter* conta com cerca de 300 mil assinantes.

Este alcance absolutamente inesperado para uma escritora brasileira jamais teria sido possível sem o auxílio de cada um de vocês.

Sou muito grata a todos que têm me ajudado, todos os dias, a espalhar minhas palavras, seja recomendando meus livros, compartilhando meus vídeos, ou marcando pessoas nos meus textos no Instagram, Blog e Facebook.

E, num mundo cada vez mais na Era de Aquário (sem intermediários, lembra?), continuo contando com a ajuda dos superpoderes das mídias sociais, do boca a boca e do amor para espalhar cada vez mais essas mensagens e fazer com que cada vez mais pessoas acreditem que sim, é possível (seja lá o que for que lhe falaram que não era!).

Algumas formas de ajudar:

Se você amou o livro, recomende para os amigos, dê de presente, mande nos seus grupos do WhatsApp (finalmente algo útil por lá, que tal?).

Poste suas frases preferidas no Instagram, me marcando (@escolhasuavida) para que eu possa repostar (e conhecer você!).

Publique no Instagram sua foto com o livro em qualquer momento do seu dia em que você esteja sendo um buda dançando numa boate e vivendo sua espiritualidade em meio à confusão do mundo.

Publique uma resenha do livro no seu site ou blog, com um link para escolhasuavida.com.br

Continue sua jornada...

Algumas formas de continuarmos trabalhando juntos na sua evolução pessoal e espiritual:

Acompanhe meus conteúdos gratuitos no Youtube (YouTube.com/escolhasuavida), Instagram (@escolhasuavida) ou Facebook (Facebook.com/escolhasuavida), e no meu site escolhasuavida.com.br

Venha me conhecer, abraçar, autografar o seu livro e de quebra ser treinado por mim AO VIVO em um dos meus eventos! Para ver a agenda completa, vá em escolhasuavida.com.br/#Eventos

Faça *coaching* ou mentoria comigo. Para saber como, vá em escolhasuavida.com.br/#Coaching e escolhasuavida.com.br/#Mentoria

FOTO: GUSTAVO OTERO

PAULA ABREU é uma das *Coaches* e treinadoras de desenvolvimento pessoal com mais seguidores no Brasil, reconhecida internacionalmente.

Pioneira na educação on-line no Brasil, seus vídeos de desenvolvimento pessoal e espiritual já foram assistidos mais de 5,3 milhões de vezes. Mais de 165 mil pessoas já fizeram seus treinamentos on-line.

Saiba mais: escolhasuavida.com.br.

Fontes FREIGHT, PARADE
Papel ALTA ALVURA 75 g/m²
Impressão IMPRENSA DA FÉ